Schöne Schwimmteiche

Eduard Neuenschwander

Schöne Schwimmteiche

94 Farbfotos
54 Zeichnungen und Pläne

VERLAG EUGEN ULMER

Seite 2:
Das Wasserspiel in der Gruppe auf dem selbstgezimmerten Floß vermittelt ursprüngliche Körper-Erfahrung

Die Deutsche Bibliothek – CIP-Einheitsaufnahme

Schöne Schwimmteiche / Eduard Neuenschwander. – Stuttgart : Ulmer, 1993
  ISBN 3-8001-6542-2
NE: Neuenschwander, Eduard

Das Werk einschließlich aller seine Teile ist urheberrechtlich geschützt.
Jede Verwertung außerhalb der engen Grenzen des Urheberrechtsgesetzes ist ohne Zustimmung des Verlages unzulässig und strafbar.
Das gilt insbesondere für Vervielfältigungen, Übersetzungen, Mikroverfilmungen und die Einspeicherung und Verarbeitung in elektronischen Systemen.

© 1993 Eugen Ulmer GmbH & Co.
Wollgrasweg 41, 70599 Stuttgart (Hohenheim)
Printed in Germany
Einbandgestaltung: Alfred Krugmann, Freiberg am Neckar, mit einem Foto des Autors
Lektorat: Ingeborg Ulmer
Herstellung: Otmar Schwerdt
Satz: Satzcentrum Jung GmbH, 35633 Lahnau
Druck und Bindung: Passavia Druckerei GmbH, Passau

Vorwort

Die Idee des Schwimmteiches hat doppelten Ursprung. Das Baden in der Natur bietet eine Erlebnisfülle, die wir bisher während kurzen Urlaubstagen in der Ferne suchen mußten. Dabei ist es möglich, im eigenen kleinen Garten eine Schwimmanlage zu schaffen, die gestalterisch so in die natürliche Umgebung integriert ist, daß sie in hohem Maße die Stimmung eines natürlichen Gewässers vermittelt. Es kommt hinzu, daß eine solche Wasseranlage als Stück Natur zu jeder Jahreszeit die ihr eigene Schönheit behält und im Wechsel von Sommer zu Winter jedesmal anders erlebt wird.

Die vorliegende Arbeit über Schwimmteiche steht im Zuge eines umfassenden Konzeptes der Zürcher Stiftung für Umweltkultur zur Wiederherstellung natürlicher Biotope im Stadt- und Siedlungsraum.

Der konservierende Naturschutz muß unterstützt und ergänzt werden durch die Förderung natürlicher Lebensräume im städtischen Umfeld. Damit findet nicht nur eine Verbesserung menschlicher Lebensqualität statt, sondern gleichzeitig eine Veränderung der geistigen Einstellung zu den Werten der Natur.

Geeignete wertvolle Lebensräume werden geschaffen. Naturerlebnis und Erholung, täglicher Umgang mit Pflanzen und Tieren vor der Haustüre und in Harmonie mit unbeschwerter Badefreude ist eine der Möglichkeiten für zukünftige Lebensformen.

Das Prinzip ist einfach. Der Schwimmteich ist eine Kombination von Schwimmbecken und Teich zur Wasserreinigung. Man badet also in einem Becken ohne jegliche künstliche Wasseraufbereitung. Dies entspricht jedem Naturteich, wobei die geringe Größe und die unter Umständen hohe Verschmutzung durch den Badebetrieb zu einer Veralgung und Schlammbildung führen können, die allenfalls ästhetisch die Badefreude vermindert.

Das Buch soll nicht nur mit anregenden Stimmungsbildern verlocken. Es will vielmehr die Schau der Natur und die Einstellung zu ihr verändern und Verständnis für die Gesetzmäßigkeit natürlicher Prozesse wecken. Gleichzeitig vermittelt es Grundlagen für die Ausführungstechnik. Nur einfache, durchdachte Lösungen versprechen ungetrübte Freuden, und es wäre verhängnisvoll, gut gemeinte und richtige Ideen an technischen Mängeln scheitern zu lassen. Jedem Tun liegen aber unvoreingenommene Beobachtung und immer neuer Erfindungsgeist zugrunde. So soll es ein Sinn dieses Buches sein, Erfahrungen zu vermitteln, vor allem festgefügte, enge Vorstellungen und Erwartungen aufzubrechen.

Zahllosen Freunden und Kollegen verdanke ich Wissen und Anregungen. Namen zu nennen wäre Undank jenen gegenüber, die den Mut hatten, das Unbekannte solcher Schwimmteiche zu wagen, und auch jenen, die an unzähligen unspektakulären Orten sich oft unter großen Opfern für die Bewahrung der Natur einsetzen. Es ist ein langer und oft düsterer Weg durch den Dschungel von Unwissen, Voreingenommenheit und Profitgier zu einem Umwelt-Verhalten, welches hoffentlich die Menschheit eines Tages mit der Natur wieder ins Gleichgewicht bringt.

Eduard Neuenschwander
Gockhausen, im Sommer 1993

Inhaltsverzeichnis

Vorwort 5

Der Garten als Naturerlebnis 7
Biotop heißt Lebensraum 8
Der Garten und seine Räume 9
   Der architektonische Raum 9
   Der Nutzgarten 11
   Der Schutz- und Randbereich 11

Gewässer im Garten 12
Der Sitzplatz am Wasser 14
Gewässerbereiche 16
Form und Orientierung 17
Das Hinterland 19
Die Ufer 19
   Überschwemmungsbiotope 20
   Flachufer 20
   Moorbeet 21
   Untiefen 22

Wasser als Lebensraum 23
Die Wasser-Reiniger 24
Wasserqualität 25
   Wassergüte I 25
   Wassergüte II 26
   Wassergüte III 26
   Wassergüte IV 26
Pflanzen und Tiere 28
   Wasserpflanzen 28
   Pflanzen am Teichrand 30
   Tiere 30

**Anlage und Bau
des Schwimmteichs** 32
Das alte Schwimmbad und sein Teich 32
Der zweiteilige Schwimmteich 33
Der »Winzling« als Planschbecken 40

Der Bau 40
   Teichdichtung 40
   Aushub 41
   Kunststoff-Dichtung 42
   Uferverbauungen 44
   Das Schwimmbecken 45
   Der Überlauf 46
Betrieb und Pflege 49

Beispiele 50
Wohnen am Teich 51
Die Jauchegrube als Planschbecken 52
Ein »Burggraben« 54
Ein Teich auf dem Garagendach 55
Ein Rückhaltebecken
als Schwimmteich 59
Ein gestufter Schwimmteich 62
Ein Quartier-See 66
Der Seespielplatz 70
Der Schwimmteich
auf dem Bauernhof 72
Umbau am Waldrand 74
Der Schwimmteich am Steilhang 76
Stufen und Rippen 80
Ein Schlitzteich 83
Der Schloßteich 84
Der welsche Charme am Wasser 90

Literaturverzeichnis 96
Bildquellen 96

Der Garten als Naturerlebnis

Glamouröses Leben am Swimmingpool

Schwimmen ist eine ganz eigene Art der Erholung. Das Gefühl des schwerelosen Schwebens, der kühle Reiz des Wassers auf der Haut und die ausgewogene Beanspruchung des ganzen Körpers beim Schwimmen wecken eine vielfältig sinnliche Sensation. Wie bei der Sauna lösen wir uns von den Dimensionen des Alltags und vereinen uns mit Ursprünglichem.

Was wir im Urlaub in der Lauterkeit des Meerwassers oder eines Sees genießen, haben wir auf das perlende Kristallwasser eines Schwimmbades übertragen. Unter großem Aufwand an Energie und Chemie wird uns der Ersatz suggeriert.

Nicht ins Bewußtsein dringt uns dabei aber der Verlust des Raum- und Naturerlebnisses natürlicher Gewässer. Auf jedem Inserat- und Filmbild von fröhlicher Gesellschaft am Pool finden sich Attribute wie grüner weichfloriger Rasen, Sonnenschirm, weiße Liegestühle, farbige, kuschelige Kissen und Tücher, der weiße Serviertisch mit Getränken. Belebt wird das Bild mit attraktiv lächelnden Schönheiten und muskulös eleganten Jünglingen. Diese Forderungen sind schön, aber nicht erfüllbar. Schließlich läßt sich Natur nicht in Großstadtstraßen zaubern, jedenfalls nicht mit Schwimmbädern.

Diese Form des Luxus und seine Beschränkung auf Künstlichkeit hat ihre Grenzen erreicht. Unser Bedürfnis nach Natürlichem dringt wieder durch, unser Naturverständnis und unser Verhalten zur Natur sind im Umbruch.

Die Zivilisation, im Konflikt mit der Biosphäre, erreicht heute die Grenzen der Existenzmöglichkeit. Damit ergibt sich die wesentliche Aufgabe, das tägliche menschliche Leben zu harmonisieren und damit den Drang in die Ferne und die Notwendigkeit der Erholung an fernen Orten zu reduzieren, wenn sie auch im Nahbereich der Wohnung erreichbar ist. Natur soll nicht in der Fremde gesucht werden müssen – und wenn es nur eine halbe Stunde Autofahrt entfernt ist –, Natur soll vor der Haustüre beginnen. Der Lebensrhythmus Wohnen – Arbeiten – Erholen könnte vielerorts ohne allzu großen Aufwand wieder zu einem kontinuierlichen Ganzen integriert werden.

Unter den vielen Bereichen urbaner Lebensqualität besitzt der Privatgarten einen flächenmäßig bedeutenden Anteil. In vielen Gärten spielt das Schwimmbad mit allen seinen weiteren Attributen eine eigene Rolle und gilt als eine Art Statussymbol. Es ist aber unschwer zu erkennen, daß es ein Bereich von niedriger biologischer Qualität ist. Er besteht aus wenigen Faktoren: unbelebtes Wasser, zementierte, zu Terrassen verbreitete tote Ufer, artenarmer Rasen und, wenn es hoch kommt, eine Randbepflanzung an wenigen Stellen mit Strauch und Baum als karge Nachbildungen der Natur. Mit hohem pflegerischen Aufwand wird diese erlebnisarme und künstliche Umwelt saubergehalten.

Diese Art der Gartengestaltung ist Ausklang einer Gartenkultur, einer mißverstandenen Tradition. Doch hier geht es nicht darum, die Geschichte aufzuarbeiten, sondern im Garten ein wesentliches Stück unserer Umwelt zu erkennen und das Wirken der Natur darin als Partner neu erleben zu lernen. Wir beschränken uns in diesem Buch auf das Thema Wasser und Gewässer und auf die Frage, wie wir harmonisch in dem kleinen Rahmen, genannt »Schwimmteich«, davon Gebrauch machen können.

Biotop heißt Lebensraum

Ein Biotop ist ein Lebensraum mit allen in ihm befindlichen Lebensprozessen von Pflanzen, Tieren und Menschen. Sie stehen alle in gegenseitiger Abhängigkeit, und ihre Art wird bestimmt durch das Substrat – Boden, Luft und Wasser – zusammen mit dem örtlichen Klima.

Der Boden selektioniert wesentlich die Pflanzen, und diesen folgen die ihnen zugehörigen Tiere. Dasselbe gilt für das Wasser in seinen vielen Erscheinungsformen von Regen, Nebel, stehender Regenpfütze bis zu den Tiefen der Ozeane.

Jede Pflanze und jedes Tier ist an eine bestimmte Umwelt und ein besonderes Klima angepaßt. Entwicklungsgeschichtlich haben sich Stoffwechsel, Körperbau und Verhalten auf größtmögliche Existenzsicherung ausgerichtet. Dabei gibt es robuste Lebewesen mit einer breiten Anpassungsfähigkeit, die rund um die Welt vorkommen und Spezialisten, die ihre Lebensansprüche nur in seltenen Nischen aus Kombinationen einmaliger Bedingungen befriedigen können. Solche Nischen sind beispielsweise Störungs- und Zerstörungsbiotope, die im Gegensatz zu stabilen, langfristig gewordenen Räumen stehen.

Somit gibt es Pflanzen und Tiere, die ihre Lebensweise ausschließlich auf frisch zerstörte Böden und gestörte Gewässer ausgerichtet haben und nur dort

Bedingungen finden, unter denen sie existieren können. Sie sind hochspezialisierte Pioniere. In unserer störungsfreien stabilisierten Landschaft ohne Überschwemmungen, Runsen, Bodenaufbruch und Ausschwemmung sind diese Arten verschwunden oder haben in den lokalen Zerstörungsnischen unserer Bauplätze letzte Refugien gefunden. Sie sind deshalb »Kulturfolger«, weil sie im Stadtbereich verwandte Lebensbedingungen finden und ihr Verhalten anzupassen vermögen. Die große Chance und Aufgabe unserer städtischen Umweltgestaltung liegt darin, derartige Lebensräume zu schaffen, die einer Vielfalt von gefährdeten Lebewesen wieder eine Existenzmöglichkeit bieten. Der Gewinner ist dabei auch der Mensch, wenn er in seiner täglichen Umwelt den Reichtum und die Vielfalt an Natur erlebt, der er sonst fern wäre, und die er nur mit Mühe aufsuchen könnte.

Es ist ein großes Glück, daß gerade solche gefährdeten Biotope durch ihre Mannigfaltigkeit und Schönheit unserer innerstädtischen Gartenkultur so sehr entsprechen und daß wir, wenngleich in beschränktem räumlichen Rahmen, durchaus differenzierte Boden- und Wasserbiotope ermöglichen können.

Der Garten und seine Räume

Vor den großen Güter- und Landumlegungen zeigte sich den Augen Nils Holgersons das Luftbild der Kulturlandschaft als feinteiliges Flickwerk der Äcker und Felder, durchzogen von gekrümmten Bachläufen mit dunklem Gehölzsaum und von den hellen Nähten der Feldwege und Straßen, mit den bunten Flecken der Dörfer und Städte, gefaßt vom Pelzwerk der Wälder.

Das bunte Kleid ist verblichen. Die kleinteilige Feldwirtschaft wurde durch eine großflächige Ackerbau-Industrie abgelöst; die Bäche und Flüsse dienen heute als technische Vorfluter, und große landwirtschaftliche Gebiete wurden zu einem Gitter geometrischer Bauparzellen umstrukturiert.

Doch noch immer ist dies ein Netzwerk von Millionen einzelner und verschiedenartiger Lebensräume. Mag das einzelne Geviert eines Gartens noch so klein sein, birgt es doch von der mikroskopischen Erdpore bis zu einigen Quadratmetern Grünfläche eine Mikrowelt an pflanzlichem und tierischem Leben. Respektieren wir diesen winzigen Maßstab – ein Riese wird aus ihm geboren.

In der Kleinteiligkeit und Verschiedenartigkeit der Gärten liegt die große Chance. Wir müssen nur gezielt handeln. Und dazu gehört es, die unterschiedlichen Bereiche des städtischen Gartens zu erkennen, seine Dreiteilung, seine Gegebenheiten und Möglichkeiten.

Jeder Garten ist eine eigene charakteristische Landschaft, die sich üblicherweise in drei Bereiche gliedern läßt: den architektonischen Raum, den Nutzgarten und den Schutz- und Randbereich.

Der architektonische Raum

Zugang und Zufahrt, Sitzplatz und dazugehörige Zierbereiche bilden mit dem inneren Hausgrundriß ein Ganzes. Gebäudeinneres und Außenraum sind nur durch eine gläserne oder gemauerte Membran getrennt, ihre funktionelle und visuelle Raumbeziehung bedingt sich gegenseitig. Dieser architektonische Raum mit seinen Belägen ist der Ort menschlicher Dominanz, und menschlicher Geschmack bestimmt Ausmaß und Orientierung, die Wahl der Beläge und die Art der Begrünung. Blütenschmuck, auch von seltenen und fremdländischen Pflanzen hat hier seine Berechtigung. Selbst im Naturgarten können Exoten als Gäste ihren Platz haben, es ist nur die Frage, wie man diese Gäste behandelt und in die Gesellschaft integriert.

Die Erweiterung dieses gebauten architektonischen Gartenteils sind als Auslauf und Begegnungsraum der Rasen und

die Wiese. Beides sind verwandte Pflanzengesellschaften, und ihre Anlage bestimmt sich nach ihrer Nutzung als Aufenthalts- und Spielraum oder nach visuellen Ansprüchen.

Architektonische Beläge und der Rasen werden häufig durch ein drittes Element, durch eine Wasserfläche, ergänzt, die bald selbstverständlich sein sollte und sich vom starren Wasserbecken in Form von Brunnen, Wasserspiel oder Schwimmbad zum beherrschenden und erlebnisreichen Gartenelement entwickeln kann: der Tümpel und der Teich. Ihnen werden die folgenden Kapitel gewidmet.

Der Nutzgarten

In irgendeinem Ausmaß – vom einzelnen Beerenstrauch oder dem Küchenkräuterbeet bis zum Gemüse- und Obstgarten mit Kompostierplatz für die häuslichen Abfälle – ist diesem Gartenteil eine gebührende Bedeutung zu geben. Die Ernte eigenen Gewürzes oder einer Frucht, das Heranwachsen und Reifen zu beobachten, ist ein elementares Erlebnis, das zu den wesentlichen Merkmalen des Bodenbesitzes gehört.
Die Nahrungsbeschaffung und Versorgung gehören zum Boden und sind eine Verpflichtung im Umgang mit der Erde, die wir auch in kleinstem Umfang wieder wecken sollen. Gerade für Kinder ist der Weg zur Ernte – die Bearbeitung des Bodens, die Betreuung der heranwachsenden Fruchtpflanze – ein tief unbewußt wirkendes, prägendes Erlebnis. Hier können wir bei den Kindern bereits ökologisches Verständnis wecken und Blick und Gefühl für das Wirken der Natur erweitern.

Der Schutz- und Randbereich

So wie die moenia – die Stadtmauern – ehemals für die Siedlung Schutzgürtel und physische und kultische Einrichtung waren, waren es Zaun und Hecke für den Garten. Sie grenzten ihn ab gegen die feindliche umgebende Natur und gegen die bedrängenden Weidetiere.

Der herkömmliche städtische Garten ist noch heute wenig anders strukturiert. Die Randbereiche sind oft topographisches Anpassungs-Gebiet, als Rampen und Böschungen bieten sie Sichtschutz und dekorativen Hintergrund für die genutzten Gartenflächen. Oft ist es ein geizig gezogener Gürtel ohne Gebrauchswert, zum biologisch kargen Niemandsland degradiert.

Das müßte nicht so sein. Mit einheimischem Gehölz und den begleitenden Pflanzengesellschaften bestückt, kann dieser Saum das wertvolle Übergangselement zu großräumiger Verflechtung sein. Als wichtiges Hinterland weitet er den kleinen Garten, die geschützte Kammer in die große Landschaft der Siedlung und Stadt aus. Die kleinteilige, vielfältig gegliederte bäuerliche Landschaft, deren zunehmenden Verlust wir so beklagen, könnte in städtischer Entsprechung und abgewandelter Form wiederentstehen.

Damit aber kommen wir zu einem Konzept, das, großräumig gesehen, eine neue Vision zukünftiger Lebensweise weckt. Das Großbiotop Stadt- und Siedlingsraum wird aus einem Netzwerk vielfältiger Klein-Lebensräume bestehen, die einen hohen Erlebniswert ins menschliche tägliche Leben flechten. Gleichzeitig lassen sich gezielt unzählige Lebensräume und Habitate für gefährdete Pflanzen und Tiere schaffen, welche hier auf selbstverständliche Weise ihre zerstörten natürlichen Lebensgrundlagen wiederfinden.

Erste Begegnung mit Wasser: Lust und Scheu vor dem Urelement

Gewässer im Garten

Textausschnitt aus Herman Melville »TAIPI« 1846

Als ich eines Tages mit Kory-Kory nach dem Fluß baden ging, beobachtete ich eine Frau, die mitten in der Strömung auf einem Felsen saß und gespannt den Sprüngen eines Lebewesens zusah, das dicht bei ihr im Wasser spielte und von mir zunächst für eine ungewöhnlich große Froschart gehalten wurde. Das seltsame Bild erregte meine Neugier, und ich watete nach der Stelle, wo sie saß. Ich traute kaum meinen Augen, als ich ein ganz kleines Kind sah, das erst vor wenigen Tagen geboren sein konnte und im Wasser herumpaddelte, als wäre es auf seinem Grund ausgebrütet worden und gerade an die Oberfläche gekommen. Mitunter hielt die entzückte Mutter ihm die Hände entgegen, wenn das kleine Ding einen schwachen Schrei ausstieß, seine kleinen Gliedmaßen streckte und nach dem Felsen zustrebte, und im nächsten Augenblick drückte sie es an ihren Busen. Das wiederholte sie immer wieder, und das Baby blieb jedesmal ungefähr eine Minute lang im Fluß. Ein paarmal verzog es das Gesicht, wenn es einen Mundvoll Wasser geschluckt hatte, und gurgelte und sprudelte, als wäre es am Ersticken. Dann hob es die Mutter hoch und brachte es auf eine Weise, die ich hier kaum beschreiben kann, dazu, die Flüssigkeit wieder auszuspucken. Ein paar Wochen lang beobachtete ich diese Frau, wie sie ihr Kind regelmäßig in der Morgen- und Abendkühle nach dem Fluß zum Baden brachte. Kein Wunder, daß die Südseeinsulaner eine amphibische Rasse sind, wenn man sie ins Wasser läßt, sobald sie das Licht der Welt erblickt haben. Ich bin überzeugt, daß Schwimmen für den Menschen genauso natürlich ist wie für eine Ente. Und doch sterben viele gesunde und kräftige Leute in zivilisierten Ländern wie junge Katzen, die man ersäuft, weil sich ein ganz geringfügiger Unfall ereignet.

Seite 12: Ruhe-Stimmung am Wasser

Dieser autobiographische Reisebericht ist 1846 erschienen und schildert etwas, das über hundert Jahre später in der Medizin behandelt und bis zur Geburt unter Wasser ausdiskutiert werden sollte. Die geheime Beziehung zu diesem Lebenselement bekommt heute für uns eine zentrale Bedeutung, und es lohnt sich, den sorgsamen Umgang damit und den körperlichen und geistigen Genuß daran ausführlich zu erkunden.

In unserem Umweltdenken und in unserem Bewußtsein hat denn auch das Wasser seine wichtige Stellung zurückgewonnen. Feucht- und Naßstandorte sind zwar aus unserer Landschaft weitgehend verschwunden und damit viele Pflanzen- und Tierarten, die darin existieren. Doch im Naturgarten finden sich inzwischen Teich und Tümpel wieder.

Noch immer aber sind diese als zaghafte Versuche an den Rand gedrängt, und noch immer ist ein möglichst großer Rasen oder eine Wiese die Grundvorstellung eines Gartens.

Warum denn nicht einmal anders: der Wasserfläche den Vorrang einräumen und dem Rasen nur gerade so viel Platz einräumen, wie zum Aufenthalt und einfachen Spiel vonnöten ist? Die Rasenpflege verringert sich damit auf wenige Runden mit dem Handmäher, dafür erhält bei richtiger Gestaltung und Orientierung der kleine Garten eine Dimension, die selbst große Anlagen entbehren.

Ein derartiges Gewässer kann so eingerichtet werden, daß darin auch gebadet werden kann, ohne Gefährdung der anliegenden Pflanzen und Tiere. Hier beginnt eine neue Welt des ökologischen Wohlstandes und der Gartenkultur. Hier werden Erlebnisbereiche erschlossen, die im kleinen Garten nicht mehr existieren und wie bei Melvilles Schilderung dem Menschen Ursprünglichstes wiedergeben.

Zwei Voraussetzungen dazu sind aber unabdingbar: Geduld und Verständnis für die ökologischen Zusammenhänge in der Natur und eine sehr sorgfältige Einbindung und Orientierung des Gewässers und der Topographie auf dem Grundstück unter Einbeziehung des benachbarten Geländes.

Das herkömmliche Schwimmbecken erhält meist seinen Platz in einer Gartenecke, in der es nicht auffällt. Die häßliche Abdeckung entwertet es zu einem großen Teil der Tages- und Jahreszeit zu unschöner technischer Möblierung, und es ist weit entfernt davon, ein landschaftsgestalterisches Element zu sein.

Ganz anders der Teich: Wir legen ihn ins Zentrum des Gartens und an den Sitzplatz. Teich und Sitzplatz bilden das Herzstück des Gartens. Die Raumfolge von Wohnraum – Gartensitzplatz – Teich entspricht der Erlebnisfolge von Wohnen und Naturgenuß.

Das architektonische Ufer, der Sitzplatz und wohnliche Außenraum, bestimmt wesentlich die Orientierung der weiteren Uferbereiche und insbesondere die Höhe des Normalwasserstandes. Das Gewässer darf nicht in einem Loch versenkt liegen, sondern seine spiegelnde Fläche soll Teil des gebauten Ufers werden. Bei ebenen Anschlüssen ist ein Niveau-Unterschied zur Gartenkante bis zu 10 cm ideal, wobei man an den steigenden Wasserspiegel bei Regen denken muß. Je nach Material oder Gestaltung von Stufen verändert sich diese Proportion.

Wenn einmal der Sitzplatz und damit der Kopf der Wasseranlage bestimmt und charakterisiert ist, führt man sich die Vielfalt der Gewässerbereiche und ihren Bezug zum umgebenden Land vor Augen. Daraus leiten sich die gestalterischen Anordnungen und Strategien im Hinblick auf ökologische Zusammenhänge im vorliegenden Gartensystem ab.

Der Sitzplatz am Wasser

Die Wasserfläche des Teiches oder des Schwimmteiches direkt am Sitzplatz erzeugt eine einzigartige Stimmung. Sonnenschein und Regen, das Spiegeln der Wolken und der Gestirne werden völlig neu erlebt, der kleine Garten gewinnt optisch an Weite.

Seitlich können sich Rasenflächen und ein Nutzgarten anschließen. Den Hintergrund bilden schwerer zugängliche Spezialbiotope und schützende Gehölze. Alle pflanzlichen und tierischen Lebewesen brauchen ungestörte Bereiche, und es gehört zur großen Kunst der Raum-Organisation, das ganze Gebiet im Sinn der zuvor besprochenen Dreiteilung in vielfältiger Folge für die Bewohner zu nutzen oder als Binnenbereich für Pflanzen und Tiere zu schonen. Bei der Orientierung und Gestaltung der Ufer ist zu beachten, daß Tiere auf beste Besonnung angewiesen sind und ihnen das nötige Hinterland überlassen wird.

Attribute eines Sitzplatzes am Wasser: Treppe zum Einstieg, Holz mit Moorbeet, Kies

Kontrast gesägter Porphyrplatten mit Kies und Geröll

Verschiedene Verwendungsformen des Porphyrgesteins als massive Tisch- und Bodenplatten sowie wildgeformte bruchrohe Spaltplatten

Gewässerbereiche

Beim Wort »Gewässer« denken wir unwillkürlich – also automatisch und unserem kritischen Denken entzogen – an einen Teich oder an einen See, vielleicht auch an ein fließendes Gewässer.

Doch wer denkt an eine Regentonne? Oder an einen wassergefüllten Blumen-Untertopf, eine Regenwasser-Rinne oder eine Pfütze und Karrenspur nach einem Gewitter? Alle sind sie extreme Kleinbiotope mit der nur ihnen eigenen Pflanzen- und Tierwelt, deren Schicksal und Existenz von ihren einmaligen mikrobiotischen Bedingungen abhängt.

Am Kleingewässer finden sich entsprechende Nischen, und wir müssen mit dem Verständnis für solche Zusammenhänge all die schön begrünten Tümpel und Teiche für's erste einmal vergessen, um auf die Ursprünge zurückzukommen.

Das vielfältigste Leben spielt sich nicht etwa in der Gewässertiefe ab – selbst diese ist noch reich genug –, sondern am Ufer und in den Untiefen und Seichtwasserzonen, in den brachen, kiesigen und schlammigen Substraten am Gewässersaum. Deshalb sind gerade diese Gewässerbereiche besonders wichtig und spielen bei der Planung und Anlage eines Teiches oder eines Schwimmteiches eine vorrangige Rolle.

Querschnitt durch die Teichbereiche mit Verlandungszone und ein Unterwasser-Schwimmbecken

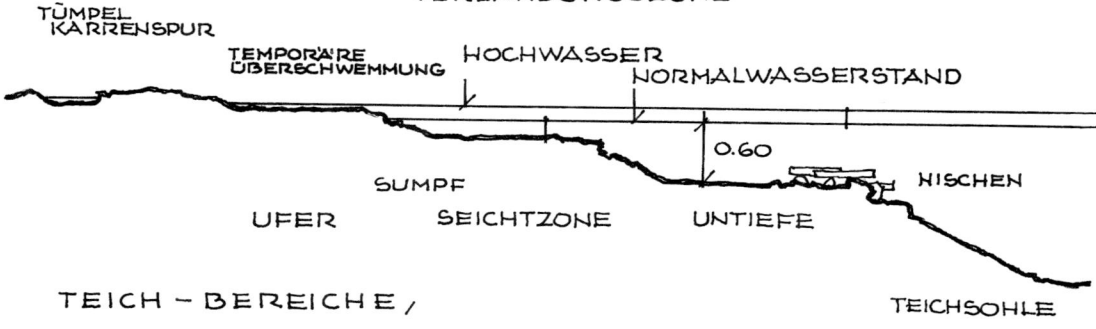

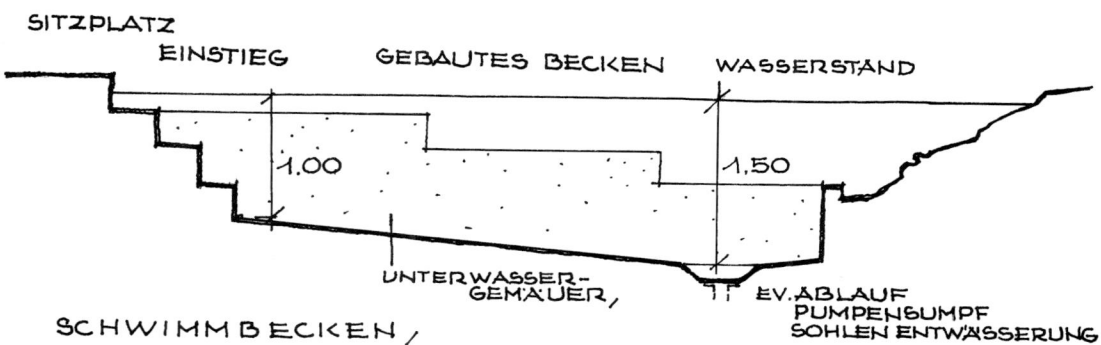

Form und Orientierung

Die Ufer als Nahtstellen zwischen Land und Wasser sind biologisch und gestalterisch am empfindlichsten und deshalb die bestimmenden Bereiche. Sie zeichnen die Form des Gewässers, schaffen die eigentliche Landschaftsatmosphäre und sind Lebensraum und Passage für Tiere und Menschen.

Die Grundstücksgrenzen und die Lage des Gewässerkopfes am Sitzplatz bestimmen die Möglichkeiten. Zwei Interessen sind dabei zur Deckung zu bringen: Auf der einen Seite ist es das landschaftsgestalterische Interesse, nämlich die visuelle Vergrößerung der Wasserflächen durch Perspektiven mit einem Bezug zum nahen und fernen Hintergrund und das Einbinden der Ufer in die Umgebung sowie die Nutzung des übrigen Gartens. Eine einzelne Föhre am Teich beispielsweise – in richtiger Perspektive – weitet den Garten über die Grenze hinaus bis zu einer fernen Föhrengruppe.

Auf der anderen Seite steht das ökologische Interesse, nämlich die vielfältige Gliederung in Buchten und Vorsprünge, offene Flachwasserzonen mit kiesigem und schlickigem Untergrund und Folgen wechselnder Vegetation und gut besonnter, geschützter Plätze.

Allzu leicht vergißt man auf dem weißen Plan die Geländehöhen. Zur Raumperspektive gehört ebensosehr das Raumerlebnis vom Standpunkt des Betrachters in bezug auf die Wasserfläche oder gar auf verschiedene Gewässerebenen wie in der nebenstehenden unteren Zeichnung (siehe auch Beispiel Seite 80).

Beim Schwimmteich kommen Überlegungen in Bezug auf technische Machbarkeit und ganz besonders auf Wasserbewegung und Wellenschlag hinzu. Die Störung durch vernünftigen Schwimmbetrieb ist keineswegs naturfeindlich, die Wasserwirbel bringen Durchlüftung und Besonnung, und zeitweiser Wellenschlag schadet eingewachsenem Pflanzenbestand in keiner Weise.

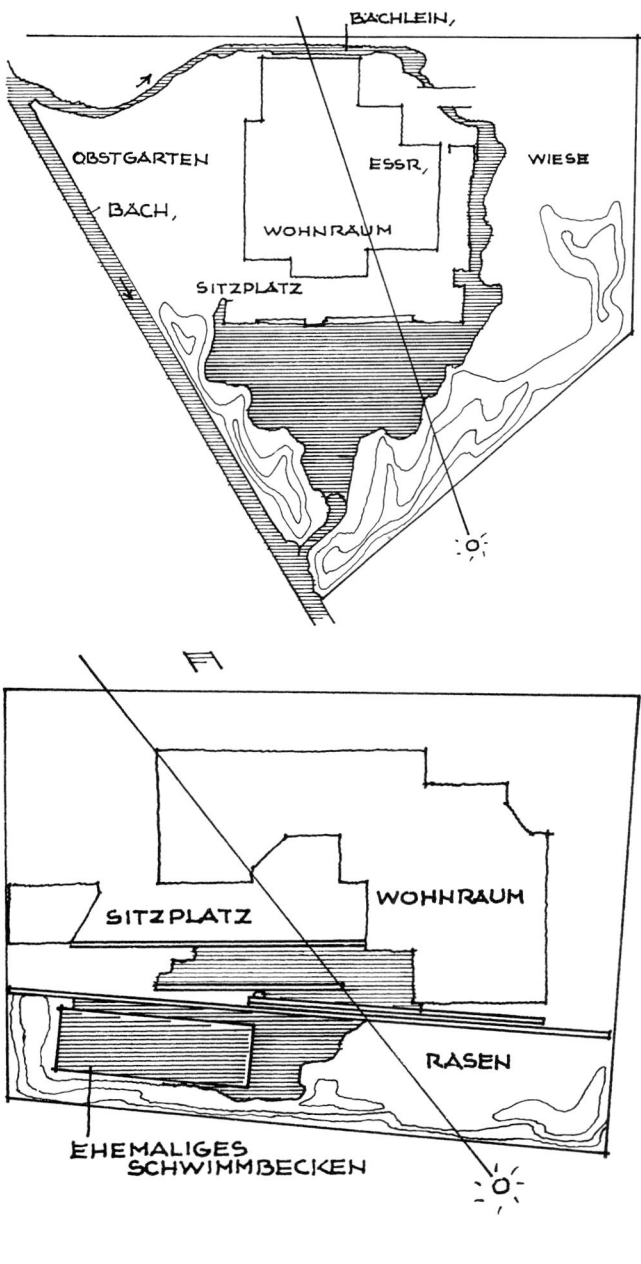

Orientierung
von Gebäude zu
Sitzplatz
und Wasserfläche

Wer ahnt, daß dieser 50m² große Teich auf einem Garagendach liegt?

Seite 19:
Kiesbänke und Stufen zum Wasser

Das Hinterland

In der Gesamtkomposition des Gartens formt sich das Bodenrelief von der Gewässersohle bis zu den Höhenknoten des Sitzplatzes mit den angrenzenden Rasen- und Wiesenflächen. Zugang und Zufahrten sowie die Grundstückskanten beschreiben die Anschlüsse. Binnenzonen entlang den Grundstücksgrenzen werden als räumliche Marken modelliert. Sie sind mit ihrer zugehörigen Vegetation Blickschutz, beeinflussen das Kleinklima und sind Lebensraum für Molche, Kröten und Frösche, die auf das nahe Wasser angewiesen sind. Dieses Hinterland vernetzt großräumig die Spezialbiotope eines Gebietes. Bei geringem Unterhalt und nur begleitender Pflege bietet sein vielfältiges Erscheinungsbild nicht nur ein Naturerlebnis, sondern macht Kleingärten großräumig, ist Raum für den Austausch von Populationen und dient zur ökologischen Stabilisierung.

Die Ufer

Im Bereich des Sitzplatzes bildet der Plattenbelag das architektonische Ufer, und seine Kante überbrückt den Höhenunterschied zur Wasserfläche. Dieser Niveau-Unterschied wird so gering wie möglich gehalten, 5–10 cm sind ideal, wobei an das Ansteigen der Wasserfläche bei Gewittern zu denken ist. Beim Schwimmteich wird diese geometrische Kante zum Relief des Einstieges und integriert den Badebetrieb und den häuslichen Sitzplatz am Wasser.

Dieses architektonische Ufer fließt über in ein nicht oder nur spärlich begrüntes Kiesufer. Es ist eine heiße Trockenzone mit starker struktureller Wirkung: Kies, Sand und jegliche Art von Findlingen und Bruchsteinen entsprechen einem Zerstörungsbiotop, das Lebensgrundlage für eine ganze Reihe von Spezialisten ist. Wenn es räumlich und organisatorisch noch gelingt, dem Wasser eine wechselnd überflutete Zone vorzu-

lagern mit stehenden Tümpeln, deren Wasserspiegel bei Regen steigt und deren Vorland bei folgendem Schönwetter trocken gelegt wird, ist es gelungen, eines der seltensten und wichtigsten Biotope zu schaffen. Im Kleingarten werden wir nicht darum herumkommen, mit dem Rasen bis ans Wasser zu dringen. Der Saum zum Wasser darf jedoch nicht als Rasen gepflegt werden, sondern er wird als unregelmäßig beschnittene Gras- und Krautschicht einer spontanen Entwicklung überlassen. Damit verwischt sich der Übergang zum Wasser und zu dessen Pflanzenbestand und bildet eine eigene kleine Gesellschaftsfolge. Er wird fließend und differenziert und ist wiederum auf seine Art ein überbrückendes Kleinbiotop.

Die Größe eines Gartens, seine Organisation und Orientierung – Besonnung, Durchblick und Ausblick – bestimmen, in welchem Maße diese Grenzwiesen erweitert und durch Gehölz und Bäume gegliedert werden können. Beschattung und Laubfall müssen sorgfältig überlegt werden. Größere Sträucher und Bäume binden perspektivisch zum Hintergrund und erweitern visuell die geringen Dimensionen des Privatgartens. Auch sie sind Brücken zum Hinterland und zugleich wichtige Klimafaktoren.

Überschwemmungsbiotope

Das schon genannte Überschwemmungsbiotop ist eine Zone, von der in der Gartenkunst noch nie gesprochen wurde. Störung und Zerstörung durch Überfluten und Austrocknen ermöglichen ganz speziellen Pflanzen und Tieren das Dasein.

Der unregelmäßige Feuchtigkeitshaushalt und das extreme Kleinklima verhindern Dauergesellschaften. Pflanzliche und tierische Kleinstlebewesen, aber auch Unken, Kreuzkröten und Laubfrösche finden hier ihre Existenz. Leider wird es nicht möglich sein, die einst an warmen Orten heimische Sumpfschildkröte an solchen ihr entsprechenden Orten wieder anzusiedeln.

Flachufer

Der wechselhafte Bereich senkt sich über dem seichten Flachwasserboden aus Kies oder lehmigem Rohboden unter den Normalwasserstand. An heißen Tagen wird das Wasser handwarm, im Winter vereist es bis auf den Grund. Für viele Tiere ist es Vermehrungsbereich und Laichzone, und die entsprechende Flachwasservegetation beeinflußt das Kleinklima. Gleichzeitig ist es der klassische Verlandungsstreifen. Seggen, Binsen und Gräser, der wuchernde Bitterklee und Moose verdrängen die offene Wasserfläche. Fleckenweise muß der Pflanzenteppich abgestochen oder müssen einzelne Hor-

Karrenspuren, Überschwemmungsbiotop

Das andere Moorbeet

ste weggezerrt werden, um das offene Wasser zu erhalten. Die Verlandung ist ein biologisches Krisen- und Kriegsgebiet, das nach Störung und Zerstörung verlangt und dadurch ständig das Gesamtbild dieses Gartenteils verändert.

Diese flache Wasserzone ist aber auch ein hervorragender Plansch- und Schutzbereich für Kleinkinder. Hier erleben sie die Lust am warmen Naß und vermögen sich aus eigener Kraft über Wasser zu halten. Planschbereich, vegetationsarme steinige Seichtzone und Verlandungsgürtel sind biologisch und gestalterisch hervorragende Gartenelemente.

Die Klammer vom Ufer ins Wasser bilden Baumstämme und Fallholz. Im Bereich der Pflanzenzone bieten sie den Kindern Halt und Schutz, im Naturbereich bilden sie Stützen und Nischen. Sie werden sich bald begrünen und bemoosen und das Auge durch ihr malerisches Relief erfreuen. Oft läßt sich das Holzwerk in ein angrenzendes Moorbeet integrieren und der kleinklimatische Feuchtigkeitsfluß auf natürliche Weise vom Wasser ins Moor erstrecken.

Moorbeet

Was gemeinhin unter Moorbeet verstanden wird, ist eine gärtnerische Zieranlage mit Torferde und hat weder vom Substrat

Fremde Rhododendren als Gäste

noch von der Bepflanzung her mit einem einheimischen natürlichen Moor etwas zu tun.

Aber auch am natürlichen Moorbeet können die Wünsche nach ungewöhnlichen Gehölzen und Blütenpracht erfüllt werden und zugleich die Voraussetzungen für ein Biotop geschaffen werden, in dem sich einheimische Vegetation mit fremdländischen Rhododendron-Wildarten vergesellschaftet.

Am Wasser, doch von ihm abgetrennt, wird eine 60–80 cm tiefe, gut entwässerte Grube erstellt. Sie wird mit Astwerk belegt, mit Holzschnitzeln angefüllt und schließlich mit Rohtorf durchmischt und überdeckt. Baumstämme gliedern das Moorbeet und binden es zum Gewässer, woraus es ja eigentlich entstanden sein könnte. Das saure Substrat selektioniert nun die spontane Vegetation, die sich um die Wildformen von Azaleen, immergrünen Rhododendren und anderen sauren Boden liebenden Kleingehölzen vergesellschaften. Ein derartiges Moorbeet kann in unzähligen Kombinationen und Übergängen erstellt werden. Das offene Wasser geht über einen flachen Naßbereich über ins wechselfrische eigentliche Moorbeet mit morschen Stämmen und Strünken, und diese wiederum greifen ins trockene, heideartige Hinterland mit modrigem, sandigem Boden.

Untiefen

Die strukturelle Vielfalt der Uferbereiche setzt sich als Kleinlandschaft im seichten Wasser fort. Je zerklüfteter der Boden ist mit Lehm, Kies, Steinbrocken und Holz, desto nischen- und artenreicher wird das Biotop. Es ist die Kinderstube unzähliger Tiere – von Einzellern bis zum Laich der Frösche und Fische. Hier steht schon das Röhricht der Binsen, Schilf und Rohrkolben. Hier liegt die Verlandungsfront, das Vorland des Ufers, das Hinterland des Gewässers.

Das Röhricht darf nicht das ganze Ufer säumen. Je nach Größe und Orientierung der Anlage soll es sich auf ein Drittel oder auf die Hälfte der Uferlinie beschränken. Dieses Verhältnis differenziert nicht nur Vegetation und Tierwelt und macht die Landschaft optisch interessanter, sondern vermindert auch den Aufwand im Kampf gegen die Verlandung. Beim Schwimmteich entschärft sich das Problem meist deshalb, weil von der Benutzung her größere Uferpartien freigehalten werden.

Die Seichtzone senkt sich auf eine Berme, ein Unterwasserpodest, in etwa 70 cm Tiefe. Sie hat mehrfachen Sinn.

Als erstes ist es ein Umgang, der auch Kindern das Stehen erlaubt und deshalb Sicherheit bietet. Im weiteren dient es als Auflager für Unterwasser-Verbauungen zur Verankerung von Holzwerk, zum Halt der Böden und zum Bau von Nischen.

Als drittes ist es ein Tiefenbereich, auf dem sich Röhricht und schwimmende Wasserpflanzen verankern.

Das tiefere Wasser schließlich ist klimatisch von großer Bedeutung. Es ist der eigentliche Lebensraum der Fische, ihr Fluchtbereich und ihre Überwinterungszone. Die Wassertemperatur ist hier ausgeglichen. Mit der Zeit freilich sinken Laub, Zweige und Zersetzungsstoffe auf seinen Grund, und in den sauerstoffarmen Bereichen beginnen die anaeroben Fäulnisprozesse. Auch sie sind notwendig, solange das sauerstoffreiche Wasservolumen im rechten Verhältnis dazu steht. Der Schwimmteich bietet nun den Vorteil, daß einmal die Tiefwasserzone am Boden regelmäßig gereinigt wird, um beim Badebetrieb keinen Schlamm aufzuwirbeln, und daß durch die Wasserbewegung auch die angrenzenden Binnenwassergebiete durchströmt werden. Bei Anlagen mit abgetrenntem Schwimmteil hinwiederum ist die Schlammbildung nicht störend.

Seite 23:
Uferbereiche und Seichtwasser

Wasser als Lebensraum

Wasser ist Lebensraum. Es übersteigt nahezu unsere Vorstellung, daß jedes schwebende Nebelteilchen und jeder fallende Regentropfen in sich ein kleiner Kosmos mit Leben ist. Die Luft ist erfüllt von Staub, Sämchen, Sporen, Bakterien und Algenteilchen, die sich bei der kleinsten Wasserkondensation ans lebensspendende Naß binden. Als fruchtbarer Aufguß netzen die Niederschläge den Boden, düngen ihn mit gelösten Mineralien und impfen ihn mit Keimen. Eine münzengroße Pfütze ist schon im Augenblick ihres Entstehens ein Ökotop, in dem sich die pflanzliche und tierische Gesellschaft organisiert und Zuzügler aufnimmt.

In jedem Biotop bilden sich für jedes Entwicklungsstadium die dem Substrat und Klima angepaßten Pflanzen- und Tiergesellschaften, und je vielfältiger die Voraussetzungen sind, desto dauerhafter sind die Bestände.

Ein mit Regenwasser angefüllter Unterteller, die Regenwassertonne oder Gießkanne sind verhältnismäßig artenarme Biotope. Bei extremen Voraussetzungen darf es uns nicht wundern, wenn plötzlich Mücken und Stechmücken zur Plage werden. Es fehlen ihre Feinde, und es braucht nur noch Tageshitze, um in derartigen Lebensräumen das letzte Leben auszulöschen und stinkende Jauche zu hinterlassen.

In einem gesunden Gewässer schwanken wohl die Bestände im Wechsel mikroklimatischer Veränderungen, doch immer finden sich Nischen, in deren Schutz sich Populationen erholen und das Gleichgewicht wiederherstellen. Eine im Relief und den Bodenmaterialien vielfältige Unterwasser-Landschaft sichert somit differenzierte Pflanzen- und Tiergesellschaften.

An schönen Sommertagen sind die Bäder unserer Seen überfüllt. Man genießt die Kühle des Wassers und unbewußt das Einssein mit der Natur. Niemanden stört es, wenn man nicht mehr auf den Grund des Gewässers hinabsieht, die natürliche Trübung ist selbstverständlich.

Am eigenen Kleingewässer nehmen wir plötzlich wahr, wie sich je nach Jahreszeit und Witterung das Wasser verwandelt: kristallklar bis zum Boden, braunschwarz oder trüb grün.

Die kleinklimatischen Einflüsse können schlagartige Reaktionen des Planktons auslösen, dessen kurze Entwicklungsdauer wie in Zeitraffung die Ökologie eines Gewässers illustriert. Solange dieses dynamische Gleichgewicht spielt, ist das Gewässer gesund.

Zum biologischen Gleichgewicht gehört es auch, daß jegliche Fremdkörper als Eindringlinge bekämpft werden. Unter sich halten die »Einheimischen« Frieden und sind auch an die Lebensbedingungen gewöhnt. Mit Sicherheit werden ortsfremde Keimlinge durch Bakteriophagen vernichtet, und man darf mit gutem Gewissen sagen, daß jedes natürliche Gewässer in bezug auf Hygiene und Infektionsgefahr weniger problematisch ist als wenn wir unserem Nachbarn die Hand zum Gruß geben.

Die Wasser-Reiniger

Das köstliche Naß einer chemischen Verbindung mit der einprägsam simplen Formel H_2O hat die löbliche Eigenschaft, organische und anorganische Fremdstoffe gelöst zwischen seinen Molekülen einzulagern. Das Wasser ist verunreinigt, vielleicht sogar verschmutzt, ohne daß wir dies immer mit unseren Sinnen wahrnehmen.

Je nach dem Maß und der Zusammensetzung dieser gelösten organischen und anorganischen Verbindungen und Gase und je nach den Strömungen, Licht- und Druckverhältnissen entwickelt sich darin ein Kosmos von pflanzlichen und tierischen Lebewesen. Wie in unserer Makro-Umgebung ist es ein dynamisches Gleichgewicht pflanzlicher und tierischer Gesellschaften von Einzellern bis zu Fadenalgen und Insektenlarven. Sie leben am Ursprung der Materie, an der Grenze zu rein chemischen Prozessen, und sie sind es, die unser Wasser trotz aller Verschmutzung immer von neuem von organischen Verbindungen säubern.

Diese Selbstreinigung des Wassers und die Voraussetzung dazu ist Grundbedingung für unsere »handgemachten« Gewässer und ganz besonders für unsere Badeteiche. Diese Mikrowelt können wir nicht beeinflussen, indem wir einige Arten durch Abfischen dezimieren oder gezielt mit Medikamenten und Giften einwirken. Nur die Voraussetzungen können wir verändern, Verschmutzungen reduzieren oder das Gewässer derart gestalten, daß die Lebensräume und die Nährstoffe die Entwicklung geeigneter Biozönosen zur Selbstreinigung begünstigen.

Bedenken gegenüber dem Baden im eigenen Teich entstehen aus Unwissenheit und aus der Unsicherheit, wie die Wasserqualität einzuschätzen ist und wie die Fähigkeit des Wassers zur Selbstreinigung. »Der Teich kippt um«, ist im Volksmund Ausdruck einer ständigen Befürchtung; er bezeichnet Unheimliches, Bedrohendes und nicht Beherrschbares. Der stinkende Pfuhl ist geradezu ein tiefenpsychologisches Engramm in jedem Menschen. Die Furcht vor der Unabänderlichkeit der biologischen Vorgänge im Wasser muß der Einsicht in dieses Geschehen weichen. Dann lassen sich Entwicklungen erkennen und die grundsätzlichen lebenserhaltenden und Leben fördernden Tendenzen in der Natur unterstützen.

Wasserqualität

Für die Beurteilung des Wassers bezüglich seines Gehalts an organischen Stoffen und seiner Fähigkeit zur Selbstreinigung gelten vier Güteklassen, I–IV.

Dabei werden im wesentlichen drei Zonen unterschieden: die oligosaprobe, das heißt wenig mit organischen Stoffen durchsetzte, die mesosaprobe, das heißt mäßig mit organischen Stoffen durchsetzte und eine polysaprobe, stark mit organischen Stoffen durchsetzte Zone.

Wassergüte I

Die Wassergüte I der oligosaproben Zone entspricht Ansprüchen an das Trinkwasser oder Wasser aus Niederschlägen. Dies kann sein: Quellwasser, Grundwasser. Wir sind damit am Ursprung der Wassergewinnung.

Auf dem langen Weg durch die Tiefen des Gesteins wird das Wasser von allen festen Verunreinigungen gereinigt, reichert aber unter Druck gelöste mineralische Verbindungen und Gase an. Unzählige Mineralquellen sind durch ihre chemischen Zusätze berühmt und werden medizinisch genutzt.

Quellen aus mehr oberflächlichen Bodenbereichen sind ebenfalls kristallklar gefiltert, und auch ihr Wasser hat oft auf seinem Weg fremde Stoffe gelöst. Wie oft trifft man auf breite Quellhorizonte, wo unter Luftzutritt der gelöste Kalk ausgeschieden wird: Auf dem dauerfeuchten Boden wachsen Moose und andere niedrige Pflanzen, die mit dem Kalk verkrusten. Der Boden baut sich wie Torf auf und versteinert zu Tuff.

In den Niederungen liegen die großen Grundwasserbecken und ziehen die Grundwasserströme dahin. Sie sind die eigentlichen Reservoirs für den ungeheuren Trinkwasserbedarf der Städte und Industrien. Wohl filtrieren die gewaltigen Deckschichten des Untergrundes jegliche festen Bestandteile, doch gelöste chemische Verschmutzungen der Oberflächenwasser dringen bis in die Tiefe.

Sehr oft wird für die Trinkwasserversorgung auch Wasser aus Seen bezogen. Nach mechanischer Filtration wird es je nach Voraussetzungen mehr oder weni-

Linke Seite oben:
Meine Algengärten

Linke Seite unten:
Das Ornament der Fadenalgen

ger stark chloriert, so daß schließlich ein Wassergemisch den Hahn verläßt, das – biologisch gesehen – tot ist. Daran ist zu denken, wenn eine Teichanlage erstmals gefüllt wird oder nach langer heißer Trockenzeit Nachfüllung verlangt. An heißen Tagen erwärmen sich die kleinen Teiche und vor allem die Untiefen so stark, daß nahezu aller gelöste Sauerstoff abgegeben wird und wir die Fische nach Luft schnappen sehen. Dann ist man versucht, frisches Wasser aus der Leitung nachfließen zu lassen, was katastrophale Folgen haben kann. Beim Bau des Teiches müssen deshalb Bereiche mit genügend Wassertiefe und dauernder Beschattung vorgesehen werden.

Dritter Ursprung der Wasserqualität I sind die Niederschläge. Sie sind Kondensationsprodukte und eigentlich chemisch reines H_2O. Doch unter den klimatischen Verhältnissen der Atmosphäre und in der Luft enthaltenen Stoffe absorbieren sie schon vom ersten Augenblick ihrer Entstehung an feste und gasförmige Stoffe ihrer Umgebung und fallen als mehr oder weniger starke Säure auf Stadt und Land.

Auf den Dächern lösen sie Kalk und andere Chemikalien und werden – in der Traufe gefaßt – dem Boden oder unseren neu angelegten Gewässern zugeführt. Was einst ein oligotrophes, das heißt nährstoffarmes Naß war, düngt heute unsere Seen und Teiche, und es gehört mit zu unseren Überlegungen, welchen Beitrag wir bei der Anlage unserer Gartengewässer zur Entwicklung einer biologischen Reinigung leisten.

Wassergüte II

In einem vielfältig gegliederten, von Pflanzen und Tieren belebten Gewässer finden sich alle Wasserqualitäten nebeneinander: Der große Wasserkörper definiert zwar die Umweltsituation, doch tausend Nischen und die Gewässersohle zeigen ein anderes Bild. In der mesosaproben Zone mit Wassergüte II fallen organische Stoffe verhältnismäßig vereinzelt an, steigern sich gegen die Winterzeit und werden durch die ihnen entsprechenden Bakterien sofort in stabile mineralische Verbindungen zersetzt, die Nahrungsquelle für Algen abgeben. Es besteht ein dynamischer Kreislauf, ein Gleichgewicht der Chemie mit den Lebensprozessen. Es ist »gesundes Wasser«, bestes Badenaß und sogar für die Trinkwasserentnahme geeignet.

Steigt jedoch der Gehalt an mikrobiologischen Lebensgemeinschaften im Wasser und damit die organische Verschmutzung an oder werden die Lebensbedingungen zum Beispiel durch Wärmestau und Besonnung verändert, so reagiert die Natur entsprechend. Pflanzliches Plankton vermehrt sich, Sauerstoff jedoch löst sich aus dem Wasser. Sauerstoffliebende Bakterien, die abgestorbenes Plankton zersetzen sollten, werden eliminiert. Anaerobe Mikroben übernehmen ihre Stelle, viele Eiweiß-Abbauprodukte wirken dabei als Gifte.

Wassergüte III

Die mesosaprobe Zone der Wassergüte III besitzt noch immer eine hohe Selbstreinigung durch sauerstoffliebende Bakterien, doch pflanzliches Plankton ist, der Verschmutzung entsprechend, andersartig. Das Gewässer ist zum Baden nicht mehr geeignet, und sein Zustand »kippt« aus vielleicht geringem Anlaß in ein ernsthaft verschmutztes Gewässer, das in bezug auf seine Ursache saniert werden muß.

Wassergüte IV

Die Wassergüte IV der polysaproben Zone ist Wasser mit ungeklärter Verschmutzung, sauerstoffarm und übelriechend. In der Tiefe und auf der Sohle der Gewässer setzt sich nun nicht mehr nur der mineralisierte Klärschlamm ab sondern die große Gewässerverschmutzung findet statt, verursacht durch herbstlichen

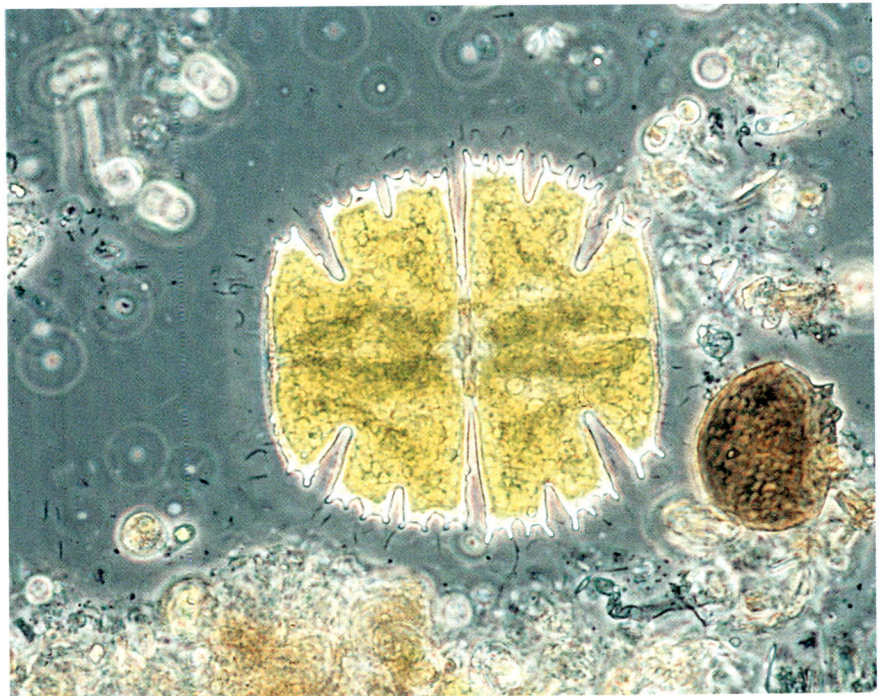

Beispiele von Plankton

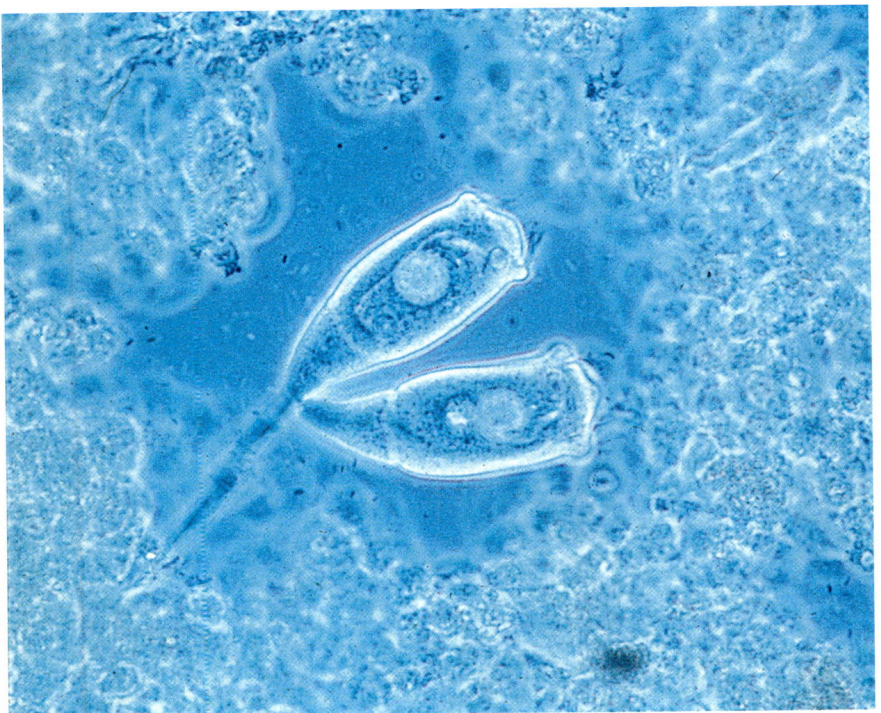

Gehäuseflagellaten

Fädige Grünalgen mit Gehäuseflagellaten und Kieselalgen in Gesellschaft

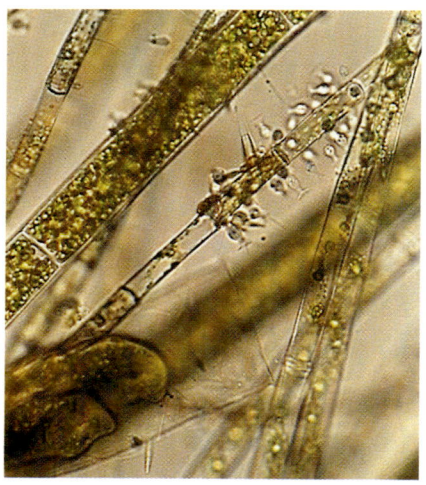

Laubfall der Ufervegetation, den winterlichen Abbau der Wasserpflanzen und den Abgang der Wassertiere von Plankton bis zu Fischen und Amphibien. Dadurch fehlt auf dem Grund bald Sauerstoff, und im Schlammbereich entsteht großflächige Fäulnis mit Bildung von Methangas, das bei Störung in großen Blasen zur Wasseroberfläche steigt. Um diese Zone möglichst zu reduzieren, werden beim Bau eines Badeteiches Vorkehrungen getroffen, die später beschrieben werden.

Pflanzen und Tiere

Wir machen uns keine Vorstellung, welchen Anteil jene Wasserpflanzen und Tiere

Chara, Myriophyllum und Potamogeton

ausmachen, die irgendwie auf dem Luftweg in unser frisch angelegtes Gewässer geraten. Bewohner feuchter Böden, ausdauernde und trockenresistente Pflanzenteile und tierische Entwicklungsstadien, Sporen und Samen werden vom Wind verfrachtet oder durch Verschmutzung eingebracht. Mit Pflanzballen aus Kulturen oder Ausstichen werden aus anderen Gewässern Lebewesen eingeschleppt. Um die Artenvielfalt dieser Spontanvegetation zu erhöhen, empfiehlt es sich, womöglich aus fremden Gewässern Wasserproben einzubringen. Was dem örtlichen Biotop entspricht, wird sich halten, die Gesellschaften werden sich organisieren.

Pflanzen und Tiere gezielt einzusetzen heißt, die Zeit und damit die Entwicklungsfolgen zu raffen.

Man wird nicht vermeiden können, daß in diesem Pionierstadium die einen Pflanzen wuchern und andere eingehen, daß in der Entwicklung Pioniere verschwinden und sich Nachfolger unerwartet erholen. Dazu einige Anmerkungen in grober Auswahl.

Wasserpflanzen

Die Armleuchteralge *(Chara)* ist ein typischer Pionier und bildet als erste große Polster auf frischen Böden.

Das Tausendblatt *(Myriophyllum)* ist wie im Aquarium ein hervorragender Sauerstoffproduzent und Wasserreiniger. In eutrophen (nährstoffreichen) Gewässern wuchert es und muß gelichtet werden.

Das feinblättrige Laichkraut *(Potamogeton natans)* bildet neben den Teich- und Seerosen die Begrünung der Wasserfläche. Es ist einfach in Schach zu halten, indem die langen Stengel gekappt werden.

Die kleine Wasserlinse *(Lemna minor)* wird leicht mit Pflanzgut oder durch Enten eingeschleppt und vermehrt sich in eutrophen Gewässern rasend. Sie muß abgefischt werden, doch wird man ihrer niemals Herr.

Die Teichrose *(Nuphar lutea)* und die im eher untiefen Wasser heimische See-

Teichrand mit Holz und Torf. Die bemoosten Baumstämme verbinden wie eine Rampe die Unterwasserlandschaft mit dem Moorbeet

rose *(Nymphaea alba)* säumen das Röhricht. Beide besitzen kräftige Wurzelstöcke, die von Zeit zu Zeit zurückgeschnitten werden müssen. Beides sind Arten für große Wasserflächen.

Die kleine Seekanne *(Nymphoides peltata)* eignet sich wegen ihrer geringen Blattgröße für kleine Anlagen; doch wehe, wenn sie losgelassen. Bald bedeckt sie alles. Es ist zwar leicht, die dünnen Triebe aus dem Schlamm zu ziehen, doch das kleinste Internodium treibt Wurzeln und bildet eine neue Pflanze.

Das Röhricht baut sich aus drei Dominanten auf, die dem Bestand den Namen gegeben haben:

Das Schilf *(Phragmites communis)* ist kennzeichnend für ursprüngliche Ufer, Bachläufe und Feuchtstellen. Die kräftigen unterirdischen Ausläufer erobern

Das Filigranwerk abgestorbener Fruchtstände von Froschlöffel mit den kleinen Schneeskulpturen zeigt die Schönheit jeder Jahreszeit

bald das ganze Gewässer und verdrängen sogar die Gesellschafter. Gerade in jungen Anlagen sieht man diese konkurrierenden Monokulturen.

Der Rohrkolben *(Typha latifolia)* ist ein dynamischer Gesellschafter mit gewaltigem Expansionsdrang. Wo erhältlich, ist der kleinwüchsige, schmalblättrige Rohrkolben *(T. angustifolia)* beizugeben.

Auch der zierliche Igelkolben *(Sparganium erectum und S. emersum)* ist mit den Seggen *(Carex)* Ursache rascher Verlandung.

Die Seebinse *(Schoenoplectus lacustris)* ist sicherlich für ein Kleingewässer in bezug auf Charakteristik und Maßstab die beste Röhricht-Art. Die Gesellschafts-Konkurrenz mit den anderen Gewächsen der Seichtzone ist bald ausgeglichen. Spontan wird sie ergänzt durch verschiedene Simsen *(Scirpus)* und Binsen *(Juncus)*. In dieser Zone halten sich die weniger dynamischen Arten, die oft gerade am Anfang Mühe haben.

Der Bitterklee *(Menyanthes trifoliata)* besticht durch die auffallende Blattform und die zierlichen Blüten. Weitere Wasserpflanzen sind: Froschlöffel *(Alisma plantago-aquatica)*, Pfeilkraut *(Sagittaria sagittifolia)*, Blutauge *(Potentilla palustris)* und Tannenwedel *(Hippuris vulgaris)*, das unter Wasser krautartige Blätter treibt und zum Wuchern neigt.

Pflanzen am Teichrand

Am Teichrand steht als großer Horst die gelbe Sumpfiris *(Iris pseudacorus)* im Übergang zur Ufervegetation. Dagegen bleibt die zierliche blaue Sibirische Iris *(Iris sibirica)* vereinzelt und wird leicht verdrängt.

Der Blutweiderich *(Lythrum salicaria)* versamt sich bald. Mädesüß *(Filipendula ulmaria)* darf nicht durch Garten-Züchtungen ersetzt werden.

Als auffallende Blütenpflanze gehört auch die Sumpfdotterblume *(Caltha palustris)* in diese Gesellschaft; auch hier sind Zuchtformen zu vermeiden.

Diese Liste umfaßt nur eine Grundbepflanzung, die sich rasch durch Spontanvegetation ergänzt und bald als harmonische Gesellschaft mit gemeinsamer Kraft die Verlandung des Gewässers betreibt.

Tiere

Was sich durch gezielte Pflanzung in der Entwicklung zeitlich rafft, läßt sich nicht auf die Tierwelt übertragen. Das mögliche Ansiedlungsprogramm kann sich nur auf ortstreue Arten beziehen, denen das Biotop zusagt und deren Existenz auch durch das beschränkte Umfeld gesichert ist. Die im folgenden erwähnten Tiere

Ein Beispiel: der grüne Wasserfrosch auf einem sonnenwarmen Polster von Fadenalgen und auf dem Bild darunter sein Laich

Röhricht im Frühjahr mit Laichballen des Grasfroschs und paarenden Erdkröten

sind im weiten Siedlungsraum meist schon verbreitet und finden in einer Neuanlage einen zusätzlichen Stützpunkt ihrer Population. Vornehmlich belebt ein Mikrokosmos von Kleintieren das Wasser. Davon seien nur einige auffallende Tiere benannt und allenfalls mit Bemerkungen versehen.

Die Rückenschwimmer (Notonecta glauca) mit unter Wasser perlmutterartig schimmernden Flügeldecken sind arge Räuber. Ebenso die Libellen mit ihren gefräßigen Larven. Als erstes erscheint der auffallend blaue Plattbauch (Orthetrum cancellatum), dann die Königslibellen (Aeshna-Arten) neben vielen anderen Kleinlibellen. Der dunkle Bergmolch (Triturus alpestris) und der Teichmolch (T. vulgaris) sind zur Sommerzeit im Wasser und sind wohl die größten Laich-Räuber. Im Herbst gehen sie an Land und überwintern im Boden.

Der braune gefleckte Grasfrosch (Rana temporaria) kündet mit seinem nächtlichen Murren im Teich den Frühjahrsbeginn. Wenige Tage nur verbringt er im warmen Röhricht, um seine großen Laichballen abzusetzen. Fast gleichzeitig mit ihm wandert von weit her die Erdkröte (Bufo bufo) zur Laichablage ein. Nur in frischen Zerstörungsbiotopen mit wenig Pflanzenwuchs finden sich die Kreuzkröte (Bufo calamita) und die Gelbbauchunke (Bombina variegata).

Die grünen Wasserfrösche (Rana esculenta, R. lessonae, R. ridibunda) sind dauernde Wasserbewohner. Durch ihr lautes sommerliches Quärren verlangen sie Toleranz und Einverständnis der Anwohner. Der selten gewordene kleine Laubfrosch (Hyla arborea) stellt nicht nur für seine Existenz hohe Ansprüche an sein Habitat und weites Umfeld; auch er kann durch sein nächtliches Keckern zum Problem werden. Katzen sind seine großen Feinde. Diese sind es auch, die das Aufkommen von Reptilien wie der Zauneidechse (Lacerta agilis) verhindern.

Anlage und Bau des Schwimmteichs

Immer mehr Benützer von Schwimmbecken reagieren auf die chemische Behandlung des Wassers. Teure Anlagen und großer betrieblicher Aufwand sind der Preis für ein Statussymbol, dessen einzige Lustquelle im perlenden kristallklaren Wasser liegt, verfügbar früh schon im Jahr bis spät im Herbst. Hier liegt der einzige Vorteil, der zugunsten geheizter Anlagen ins Feld geführt werden kann. Wie Früchte und Gemüse ihre eigene Saison haben, so richtet sich auch das Baden im Schwimmteich nach der Jahreszeit. Wobei für die weitere Entwicklung vielleicht offen ist, durch Solarenergie die Wassertemperaturen etwas anzuheben, ohne das ökologische Gleichgewicht der Wasserpflanzen und Tiere zu gefährden.

Die Kombination von Schwimmbecken und Teich ist in vielerlei Varianten möglich. Immer hat der Teich dabei die Aufgabe der Wasserreinigung. Künstliche Wasseraufbereitung entfällt. Bei starkem Badebetrieb kann eine erhöhte Verschmutzung und Algenbildung auftreten.

Die Lösung dieses Problems besteht darin, das Wasser durch eine kleine Pumpe in einen abgetrennten bepflanzten Weiher zu leiten und das steigende Wasser durch eine Filterzone mit Öffnung am Beckenboden zurücklaufen zu lassen. Die natürliche Gewässerreinigung wird also ergänzt durch einen Filter, in dem die organischen Schwebstoffe zurückbehalten und abgebaut werden.

Das Becken selbst kann außerdem konventionell mechanisch von Schlamm, Laub und Algen befreit werden.

Für dieses System finden sich auf den folgenden Seiten zahlreiche gestalterisch unterschiedliche Spielformen, sei es in der Lage der Gewässer oder sei es in deren Form und Höhenverhältnis.

Das alte Schwimmbad und sein Teich

Immer wieder kommt es vor, daß ein altes Schwimmbecken außer Betrieb gesetzt wird. Die Gründe sind vielfältig: Die Besitzer leiden unter dem chemisch aufbereiteten Wasser; das Becken und seine Verkleidung werden renovationsbedürftig; die Verunstaltung des Gartens durch das »verschmutzte Loch« oder die Rollabdeckung wird den Bewohnern bewußt; die ertrunkenen Igel und Mäuse und die dauernde Gefahr für Kinder vergällen die Freude. Ein Schwimmteich kann Abhilfe schaffen.

Die Ansprüche an einen Teich richten sich wohl in erster Linie auf gute Wasserqualität ohne künstliche Aufbereitung. Doch mit einem derartigen Unterfangen ist unabdingbar ein ganz anderer Badebetrieb, eine andere Bade-Stimmung, eine neue Integration des Beckens in die Gartenlandschaft verbunden. Wasseraustausch und Filtrierung sind marginal, einfache technische Vorkehrungen.

Die Auskleidung des Beckens ist ein zentrales Problem. Helle, farbige Keramikkacheln oder leuchtende Kunststoff-Anstriche sind für Neuanlagen ungeeignet. Auch sie veralgen, doch im Gegensatz zu steinigen Oberflächen wie Beton oder Verputz veralgen sie unansehnlich, und bei geringster Berührung entstehen helle Wischstellen. Den »ungepflegten Anblick« kann man selbst dem begeisterten Naturfreund nicht zumuten.

Zur Sanierung alter Becken entfernt man diese Beläge und gleicht den rauhen Untergrund mit einem feinen Schlämmputz aus.

Bei dieser Vorkehrung können mit geringem Aufwand allfällige Risse und undichte Stellen verschlossen werden. Auf solcher Unterlage setzen sich braune flechtenartige Algen als geschlossene, glasige Haut fest. Die langfädigen Grünalgen lassen sich mit geringem Aufwand abstreifen oder absaugen.

Die nicht minder wichtige Aufgabe ist dann die landschaftliche Integration des alten Schwimmbeckens mit einem Teich in der Gartenlandschaft. Die Voraussetzungen sind so vielfältig wie die Lösungen und münden in drei grundsätzlichen Möglichkeiten.

1. Mit geringstem Aufwand wird das bestehende Becken belassen und an geeigneter Stelle im Garten ein Teich ausgehoben.
Aus dem Schwimmbecken wird mit einem verborgenen Schlauch an einem Ende durch eine Springbrunnenpumpe im Teich Wasser angesaugt. Sichtbar als Fontäne oder als Unterwassersprudel füllt das Wasser den Teich, fließt in einen Schacht über und wird durch eine unterirdische Leitung wieder ins Becken zurückgedrängt. Vor dem Überlauf ist ein Sandfilter angelegt, so daß Plankton ausgesiebt und das grünbraune Beckenwasser gelichtet wird (Plan siehe Seite 35).

2. Der Teich kann unmittelbar an das bestehende Becken gelegt werden. Die Teichdichtung wird in diesem Fall an der Außenwand des Beckens über Bodenhöhe hochgezogen und verankert. Überbeton und Kiesabdeckung verdecken den Kunststoff. Der große Vorteil dieser Anordnung liegt darin, daß sogar drei Seiten des Beckens vom Teich umschlossen werden können und die anliegende Bepflanzung die Geometrie des alten Kunstbaus bricht (Plan Seite 36).

3. Die dritte Spielform geht sogar soweit, die eine oder sogar zwei Seiten des Beckens bis unter die Wasserlinie abzubrechen und damit den Schwimmbereich über eine versenkte Kante in ein natürliches Ufer auszuweiten. Der Beckenboden bleibt damit noch immer frei von Belag und Bepflanzung und kann gereinigt werden (Beispiel Seite 74).

Der zweiteilige Schwimmteich

Bei bestehenden Anlagen ist im Garten so viel vorgegeben und ohne großen Aufwand unveränderbar, daß die optimale Lage des Weihers zum eigentlichen Schlüssel der gestalterischen Integration der Gewässer wird.

So gilt es vor allem, das bestehende Becken durch Lage und Form des Teiches einerseits mit dem Haus und andererseits mit dem umgebenden Garten zu verbinden und als gestalterisches Element aufzuwerten. Unter unzähligen Kombinationen deuten wenige Beispiele auf Seite 34 an, in welchem Sinn Becken und Teich sich auch als getrennte Anlagen zu einem neuen Ganzen zusammenfügen können. Topographie und Bepflanzung unterstützen und steigern das landschaftliche Einbinden, wobei der Rohboden des Aushubs am Ort zur Geländemodellierung wieder Verwendung findet.

Bei Neuanlagen sind Schwimmbecken und Teich eine Einheit und lassen sich beliebig als Landschaftsteil behandeln. Die bisherige Praxis hat gezeigt, daß der Wunsch nach einer möglichst natürlichen Gewässerform es mit sich bringt, die eine Längs- und Stirnseite des Beckens so tief wie möglich unter die Wasserlinie zu setzen. Es gilt, den Beckenboden für die Reinigung freizuhalten und die Seitenmauern nur soweit aufzuziehen, daß seitlich der Boden für den Pflanzbereich geschüttet werden kann.

Beispiele, wie Becken, Teich, Sitzplatz und Haus zusammenzubinden sind

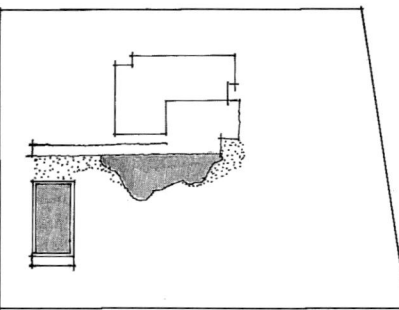

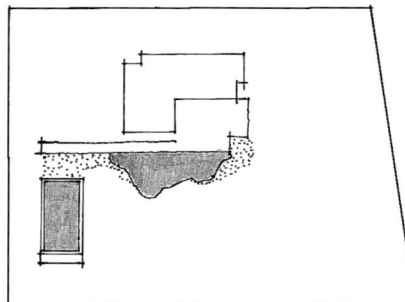

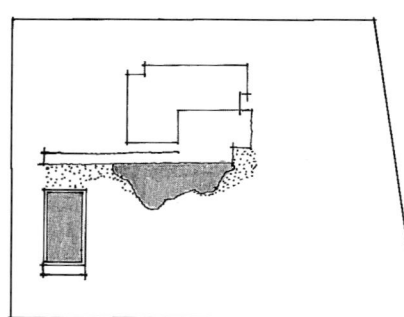

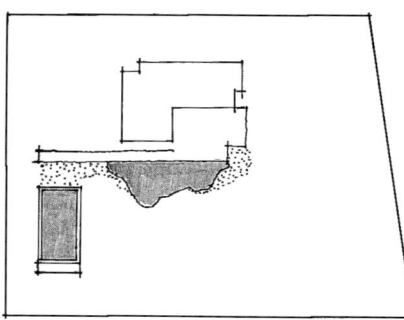

Die eine Seitenwand bleibt als Trennung und wird an beiden Enden bis zu den Ufern verlängert. Aus praktischen und gestalterischen Gründen hat sich nun die Not zur Tugend gewandelt: Ein feiner Steg knapp über dem Wasser überquert die Gewässer. Er wird zu einem wesentlichen Merkmal und Stimmungsbildner, trennt die Gewässer und verbindet die Ufer, gibt wie eine Ordinate Orientierung und ist ein Ort, wo sich die Kinder zum Spiel und Beobachten tummeln. Zur Wartung und Gewässerreinigung schafft er außerdem den nötigen Zugang.

Die beiden Pläne auf den Seiten 37 und 38 zeigen die großzügige Idealform einer derartigen Anlage. Der Beckenboden im Schwimmbereich erlaubt dessen Säuberung, so daß bei geringer Badetiefe kein Schlamm aufgewirbelt wird. Erkennbar sind die Flach- und Steilufer mit ihren verschiedenen Gestaltungsformen. Für jedes Gebiet sollten die ihm eigenen Materialien verwendet werden. Stein ist vielleicht nicht überall vorhanden, und es müßte darauf verzichtet werden, während Holz in verschiedener Form jedem Gewässer zukommt. Fallholz als Baumstamm oder grobes Astwerk im und am Wasser bietet von allem Anfang an ein Netzwerk von Nischen, schützt die Neupflanzung von Röhricht und ist Stützpunkt für jede Erstbesiedlung.

Dabei soll die menschliche Nutzung nicht vergessen werden, sie widerspricht in keiner Weise naturschützerischem Willen. Das Sonnendeck, den Sitzplatz, begehbare Uferpartien und einen »romantischen« Holzsteg für Beobachtung und den Sprung ins Wasser – all dies verträgt ein derartiges »Störungsbiotop«. Gerade durch abwechselnde und attraktive Zugänglichkeit wird die Störungsmöglichkeit kanalisiert und werden umgekehrt nur schwer zugängliche Ruhebereiche gesichert. Dort werden Pflanzen nicht zertreten, und vielerlei Tiere finden ihr ungestörtes Habitat.

Schwimmbecken mit getrenntem Teich

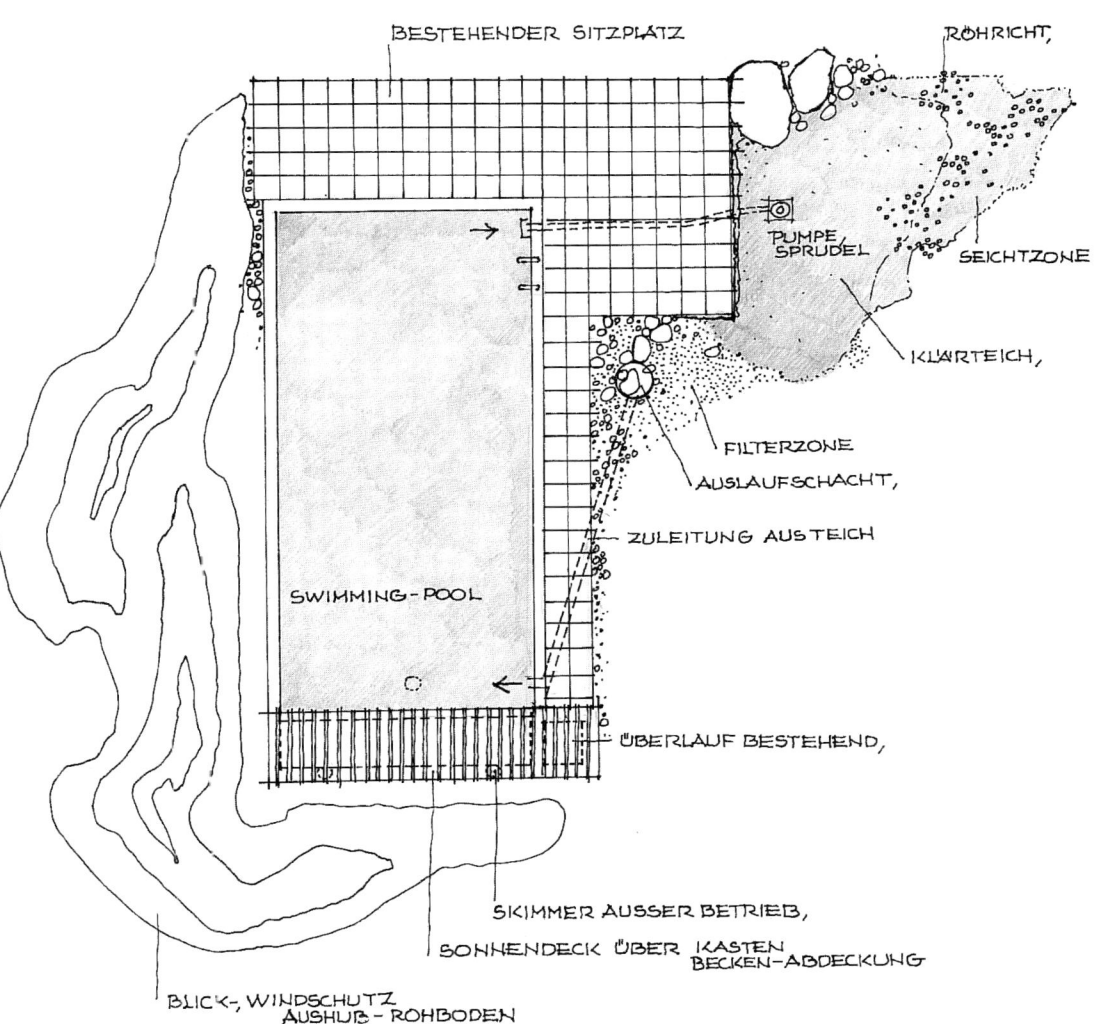

Schwimmbecken mit seitlich angefügtem Teich

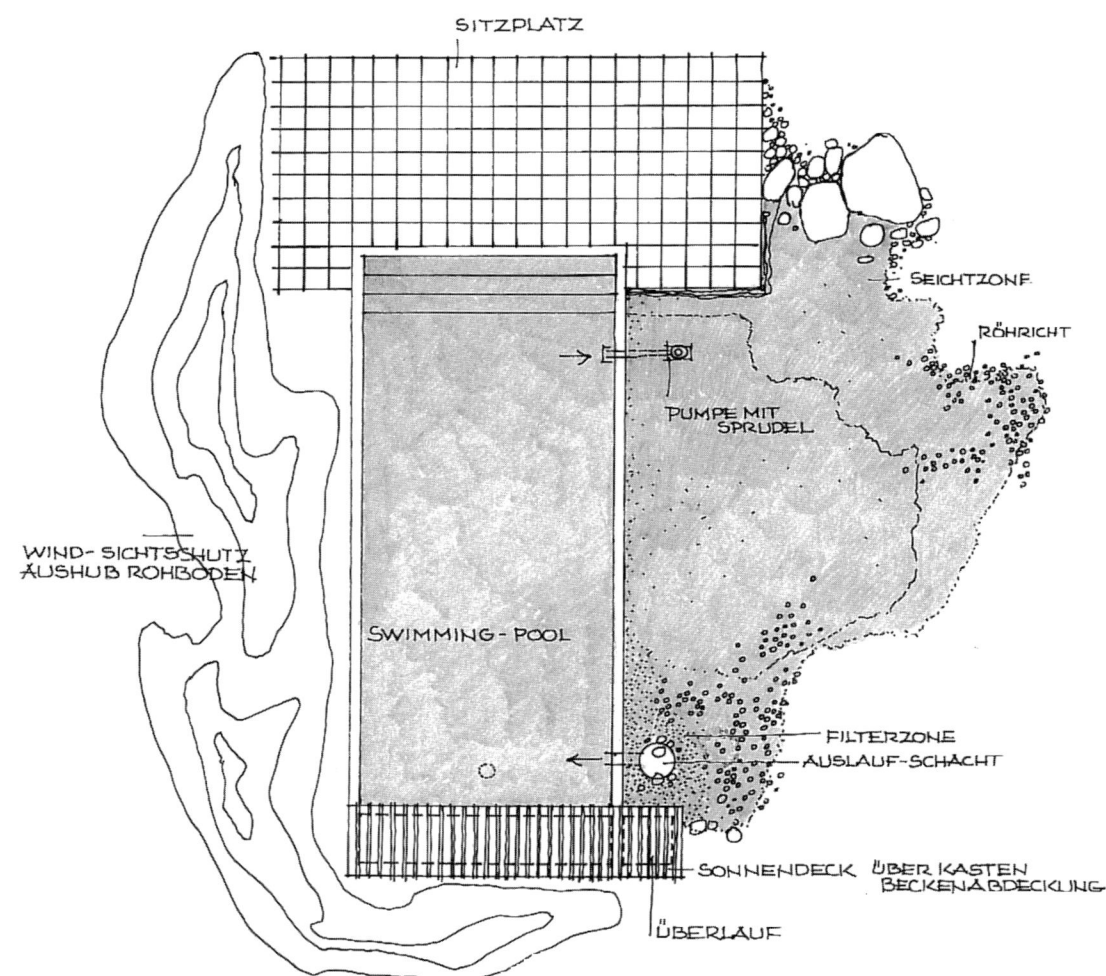

Unterwasserbecken mit Trennwand zum Teich

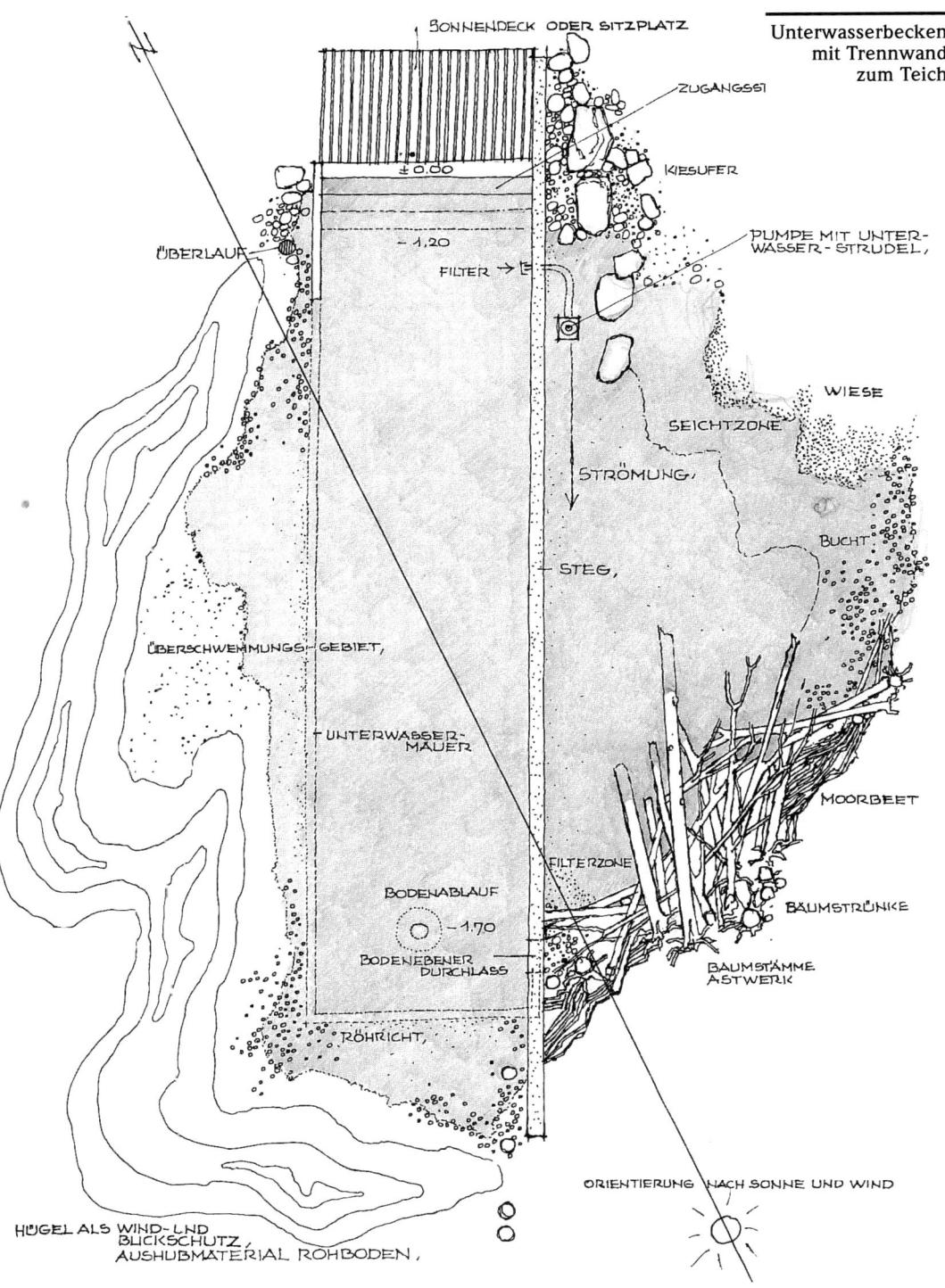

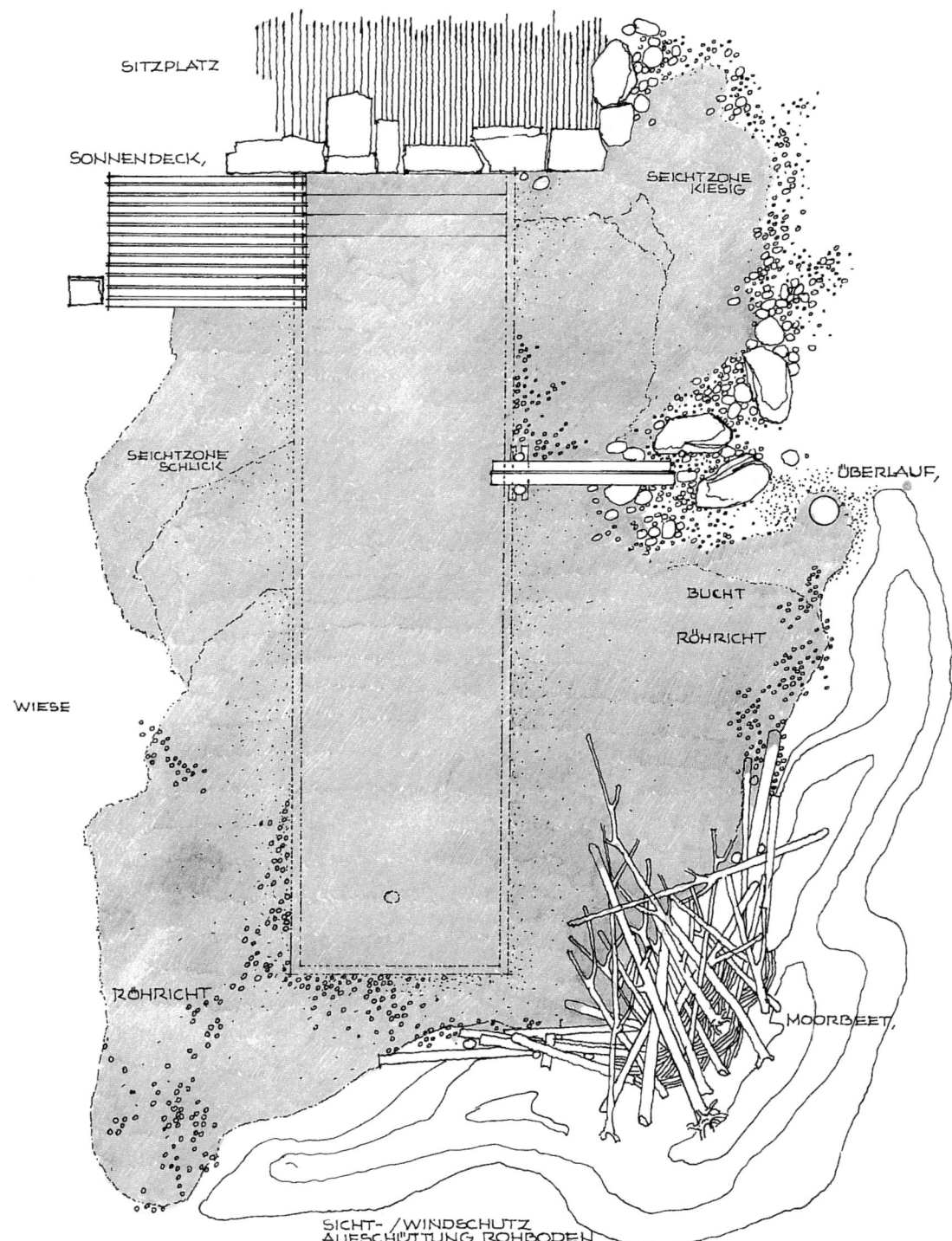

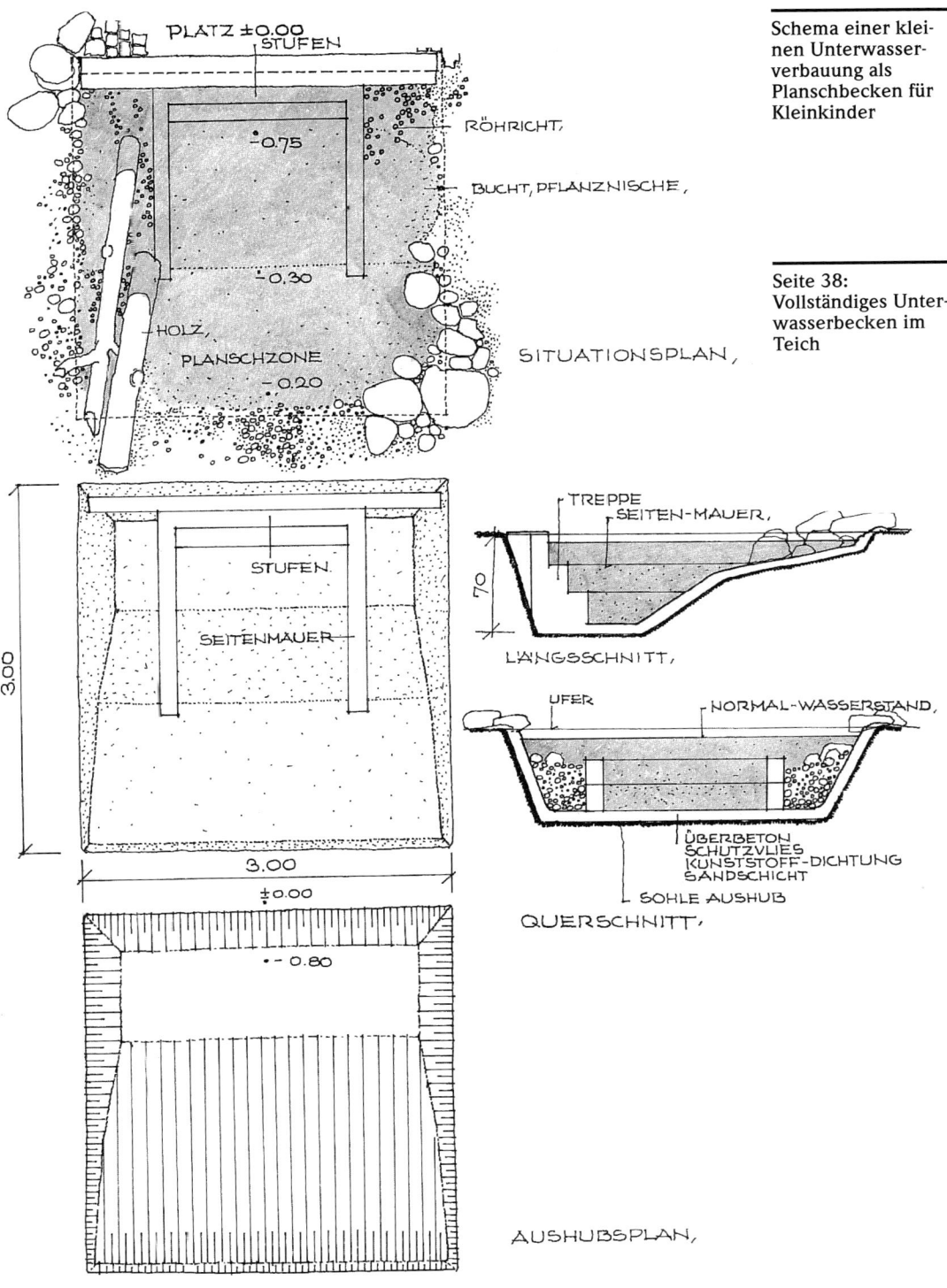

Schema einer kleinen Unterwasserverbauung als Planschbecken für Kleinkinder

Seite 38:
Vollständiges Unterwasserbecken im Teich

Der »Winzling« als Planschbecken

Die Gestaltungs- und Konstruktionsskizzen auf Seite 39 zeigen, daß selbst kleine Wasserflecken für Kinder als natürliche Kleinteiche gebaut werden können. Die im Verhältnis zur Grundfläche große Wassertiefe erlaubt Kleinkindern nicht nur, mit dem ganzen Körper einzutauchen, sondern ist für die Wassertemperatur und damit für das Wasserleben wichtig. Das Prinzip ist erkennbar: An drei Seiten sind Steilufer mit vorgemauerten Wänden und Stufen, und eine vierte Seite ist als Flachufer ausgebildet. In der Zeichnung ist das Quadrat oder ein Rechteck eine technisch einfache Grundform, die beliebig den Umständen entsprechend abgewandelt werden kann. Die Gestaltung der Uferpartien bricht die geometrische Form und bindet ein zum Hinterland.

Der Beckenboden kann von Schlamm saubergehalten werden, und wenn einmal die Flanken eingewachsen sind, würde niemand mehr ein Bauwerk vermuten. Die geringe Verschmutzung durch den Badebetrieb wird ohne weiteres durch die Selbstreinigung des bestehenden Wassers aufgehoben.

Der Bau

Um eine auf die Dauer in der Entwicklung und im Betrieb befriedigende, problemlose Anlage zu erstellen, lohnt es sich, alle technischen Einzelheiten mit Umsicht und Sorgfalt anzupacken. Vieles ist für den Fachmann Selbstverständlichkeit, für vieles muß aber aus besonderen Situationen vorurteilslos eine oft unerwartete konstruktive Lösung gefunden werden. Dies betrifft meistens Maßnahmen, die bei konventioneller Technik aufwendig sind und oft durch einen klugen Einfall wesentlich vereinfacht werden können.

Schon bei der Projektierung sind Überlegungen einzuflechten, wie die Baustelle erschlossen, der Aushub bewerkstelligt wird, wie die Arbeitsabläufe aufeinanderfolgen sollten. Darauf kann hier nicht eingegangen werden, denn allzu viele Voraussetzungen mit entsprechenden Varianten bieten sich in unerschöpflichen Kombinationen an.

Teichdichtung

Die meisten Böden sind wasserdurchlässig und für ein Gewässer ohne dauernden genügenden Zufluß untauglich. Fels kommt kaum je in einer Tiefe und Muldung vor, daß er als Unterbau benutzt werden könnte.

Lehm hat den Nachteil, daß seine vom Wasser berührte Oberfläche aufgelöst wird und mit der Zeit schließlich als dicke Schlammschicht den Grund bedeckt. Wo Lehm als Teichdichtung benützt wird, ist er fußhoch mit Kies abzudecken, um dieser Auflösung entgegenzuwirken. Freilich wird er vom Röhricht durchwurzelt, so daß in den abgestorbenen Wurzelkanälen sehr bald Lecks entstehen. Als größter Nachteil kommt hinzu, daß Lehm als Substrat in einer Weise durchwurzelt wird, daß eine Verlandung durch den Pflanzenwuchs kaum mehr verhindert werden kann, da die Rhizome als geschlossener Horizont den Boden in vielen Tiefen durchziehen.

Je nach Größe der Anlage kommen für Gewässer drei Dichtungssysteme in Frage.

Lehmige Böden können mit Kalkzugabe stabilisiert werden – als eine Art Erdbeton. Schichtweise wird das gemischte Material aufgebracht und verdichtet. Das Verfahren ist aufwendig und wenn nicht mit speziellen Maschinen und Erfahrung ausgeführt, nicht zu empfehlen.

Ebenfalls aus dem Straßenbau kommt die Bitumendichtung. Sie ist vorteilhaft für große Anlagen. Die Technik wurde im Bau von Ausgleichsbecken entwickelt und verlangt vom Gestalter technisches Verständnis und Formgefühl, um die glatten Randzonen derart zu überdecken und zu verbauen, daß das Gewässer nicht mehr als Artefakt erkennbar ist und unsere Ansprüche als natürliches Biotop erfüllt.

Alle Bedingungen können mit der Kunststoff-Folie erfüllt werden. Für den Schwimmteich ist sie geradezu Voraussetzung, um in vielen technischen Einzelheiten eine vom Bauablauf her einfache und preiswerte Anlage zu ermöglichen.

Aushub

Der Aushubsplan ist für jedes Werk die Grundlage. Die Art der Profile entscheidet über die Ausführung und den dazu nötigen Aufwand. Dies betrifft insbesondere die Böschungswinkel, die bei festem Material und geeignetem Wetter bis zum vertikalen Abstich reichen. Der Schutz vor Wandbrüchen ist dabei zu bedenken.

Bei schwerem oder undurchlässigem Grund ist die Sohlenentwässerung ein erstrangiges Problem und betrifft auch die Zukunft. Während der ganzen Bauzeit muß die Baugrube entwässert werden, sei es durch direktes Ableiten des Grundwassers in eine geeignete Kanalisation (Vorfluter) oder durch periodisches Abpumpen. Für beide Fälle erstellt man schon mit dem Aushub einen »Pumpensumpf«.

Über der Grube mit der Geröllfüllung ist ein Zementring aufgesetzt, dessen Oberkante dem fertig mit Überzug versehenen Beckenboden entspricht.

Bei der Verlegung der Kunststoff-Dichtung gibt es nun zwei Möglichkeiten. Die reste ist, den Ring nochmals abzuheben und nach Verlegen der Folie an derselben Stelle wieder aufzusetzen. Während der Bauzeit oder bei einer späteren Beckenentleerung könnte bei Grundwasser-Druck, der den ganzen Teichboden anheben und zerstören würde, durch einen kleinen Kreuz-Schnitt der Druckausgleich geschaffen und das Wasser abgepumpt werden. Die Schnittstelle läßt sich später leicht wieder verschweißen.

Die andere Möglichkeit besteht darin, die Kunststoff-Folie am Zementring oder an einem Bodenablauf hochzuziehen und sie daran abzudichten. Der wasserdichte Deckel ließe sich jederzeit wieder öffnen und entweder der Teich entleeren oder Grundwasser abpumpen.

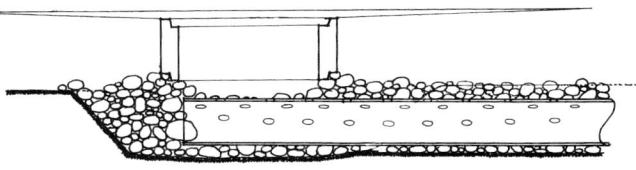

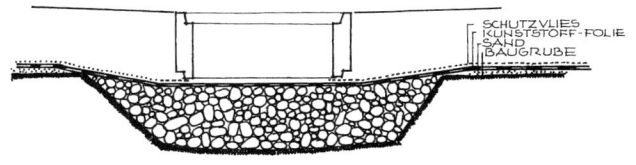

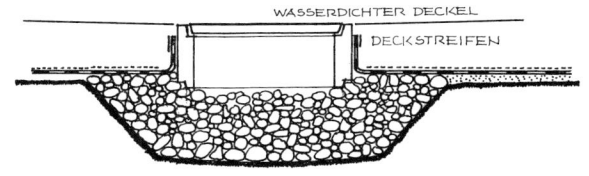

Pumpensumpf und Teichsohlen-Entwässerung

Kunststoff-Dichtung

Auf die abgeplattete und mit einer etwa 3 cm dicken Sandschicht bedeckte Baugrube wird die 2 mm-Kunststoff-Folie ausgerollt. Zuvor wurde die zukünftige Wasserlinie durchgeführt.

Des Gewichtes wegen muß die Folie bei derartigen Formaten in Abschnitten ausgelegt werden, und die genaue Grenzlage muß erkennbar sein. Damit läßt sie sich so verziehen, daß die geschwungenen Geländeformen angepaßt werden können und nur noch kleine Bodenbrüche und Eckstücke durch Schnitt und Schweißung angeformt werden müssen. Anschlüsse an Schächte, Rohrdurchbrüche oder an Mauern erfolgen als Abschlußarbeiten. Wichtig ist es, den ganzen Rand mit Eisen zu fixieren, da bei den folgenden Arbeiten erfahrungsgemäß die Folie durchs Eigengewicht oder durch das Betreten über den Sand in die Tiefe gezogen werden kann.

Nach dem Verlegen wird die ganze Kunststoff-Folie mit einem Schutzvlies 250 g überdeckt. Es dient dem mechanischen Schutz bei den kommenden Arbeiten und verhindert das Gleiten des Betonüberwurfs.

Die flachen Beckenflächen werden nun durch Schaufelwurf mit einem Magerbeton PC 200 5 cm dick überworfen. Er wird durch leichtes Anpatschen verdichtet und an den Steilstellen so hoch hinaufgezogen, wie er sich über dem Rabitz (Mäusegitter) aufbauen läßt: Dieses Mäusegitter wird vorbereitend vorher schon da ausgelegt und an die Beckenkante hinauf verankert, wo Steilstellen abzudecken sind. Bei größeren Höhen wird der Auftrag in Abschnitten nach Abbinden der jeweiligen Arbeitsstufe weitergeführt. In Zonen, wo in der Tiefe eine Kiesschüttung vorgesehen ist, setzt man den Folienschutz erst über diesem Bodenhorizont an.

In einem Arbeitsgang mit dem frischen Beton-Überzug wird die Fläche mit unsortiertem Kies ab Wand leicht überworfen. Der Wurf bezweckt, daß sich beim Aufprall Sand und Steinchen mit der Zementschlämme verbinden und haften. Vom ersten Moment an wird ein derartig eingedecktes Becken nicht mehr als Menschenwerk erkennbar sein. Selbstverständlich darf die Fläche bis zum Erhärten dieser Schutzschicht nicht betreten werden.

Doch schon am folgenden Tag werden mit Sorgfalt Bretter gelegt, und die anschließenden Arbeiten werden aufgenommen.

Meist besteht eine große Abneigung und ein starkes Vorurteil gegenüber Beton. Doch Zement ist ein natürliches chemisches Gemisch, und nach dem Abbinden unterscheidet sich Beton weder im Verhalten noch im Aussehen von irgend einem Gesteinssediment, zum Beispiel von Nagelfluh. Mit dem Überbeton sind jedoch wesentliche Vorteile verbunden:

Erstens ist er zusammen mit dem Schutzvlies ein hervorragender Schutz der Teichdichtung. Die folgenden Arbeiten können gefahrlos ausgeführt werden. Diese Arbeiten bestehen zum einen in allen Verbauungen im Uferbereich, welche für die Bepflanzung, für die Befestigung von Stein und Holz und für den Bau von Nischen nötig sind.

Zweitens entsteht beim Schwimmteich nun in dieser Landschaft der Beckenbau, der zwar noch immer mit besonderer Vorsicht doch sonst problemlos angegangen werden kann. Es braucht nicht betont zu werden, daß für die kommenden Arbeiten keine Eisen oder andere Verankerungen in den Boden geschlagen werden dürfen, denn perforierte Kunststoff-Folien lassen sich nicht mit Zement verstopfen, wie einmal ein naiver Bauunternehmer meinte.

Als dritter, ganz wesentlicher Vorteil ist anzuführen, daß die Pflanzenwurzeln auf dem rauhen zerklüfteten Beton Halt finden. Gleichzeitig ist es ein leichtes, einen ganzen Wurzelhorizont abzuheben und die Verlandung mit geringem Aufwand unter Kontrolle zu halten.

Jeglicher Beton sollte nach Möglichkeit einen Monat an der Luft abbinden

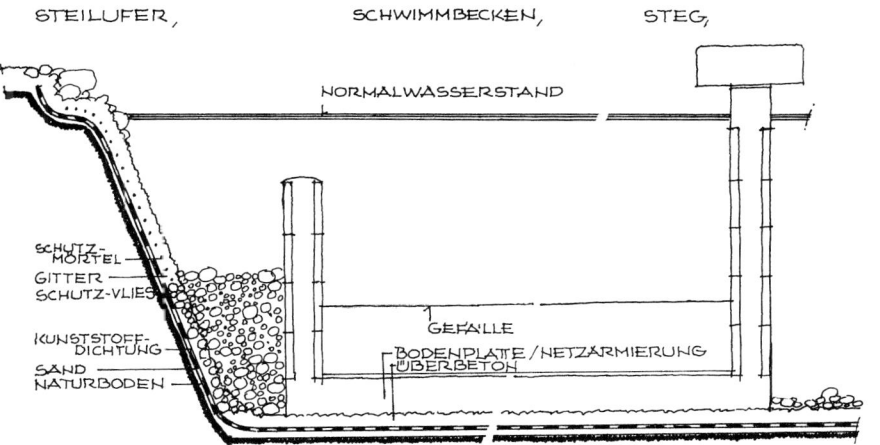

Typischer Schnitt durch Becken mit Steg

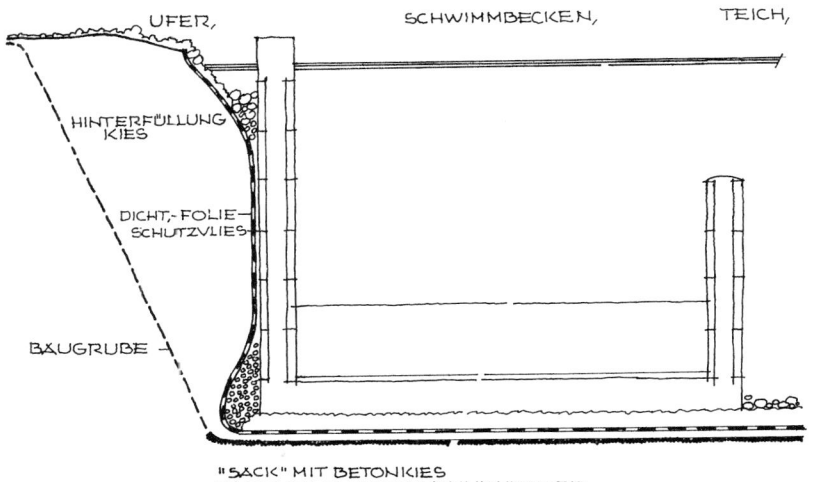

Unterwasserbecken mit einseitig architektonischem Ufer

können. Wo keine Sohlenentwässerung unter der Kunststoff-Dichtung besteht und kein Beckenbau vorgesehen wird, darf die Anlage ohne weiteres am Tag nach der Betonierung unter Wasser gesetzt werden. Beton bindet unter Wasser ab, doch gleichzeitig findet eine Verbindung von Kalk mit im Wasser gelöster Kohlensäure statt, wodurch ein weißer Kalkstaub ausflockt (Kalzifikation). Das Wasser wird laugenartig und leuchtend blau über weißem Grund. Je nach Jahreszeit beginnt es sich nach 3 bis 4 Wochen grünlich zu verfärben, die chemischen Prozesse sind nahezu abgeschlossen und die Belebung mit Algen und Kleintieren setzt ein. Erst dann darf mit dem Bepflanzen begonnen werden.

Ausbildung des Teichrandes am Sitzplatz

Uferverbauungen

Mit dem Betonüberzug wird auch die Ufergestaltung vorbereitet. Dabei ist die Sicherung der Kunststoff-Kante besonders wichtig, da sie den höchsten Wasserstand garantiert. Einmal überbaut, können nachträgliche Setzungen schwer erkannt und unter Umständen nur aufwendig korrigiert werden. Wenngleich der Normalwasserstand durch die Höhe des Überlaufs definiert wird, lassen Niederschläge das Wasser bei größeren Anlagen als Retention wesentlich darüber steigen, und es muß vermieden werden, daß Wasser aus dem Teich unter die Folie fließt und den Unterbau ausschwemmt.

Der Grenzbereich zwischen Seichtwasserzone und Ufergürtel ist, wie schon beschrieben wurde, für die Vielfalt der Biotope von größter Bedeutung. Hier wechseln steinige offene Bereiche, Steinverbauungen, Fallholz mit bewachsenen Rohböden. Steinbrocken können mit Mörtel befestigt, Baumstämme mit Stein und Zement verankert und erdige Rohböden mit Holz und Stein gefaßt werden. Liegende, hohle Steinplatten sind überall, auch unter Wasser, bedeutende Ansätze als Nischen.

Verbauung im flachen Uferbereich mit Holz und Gestein

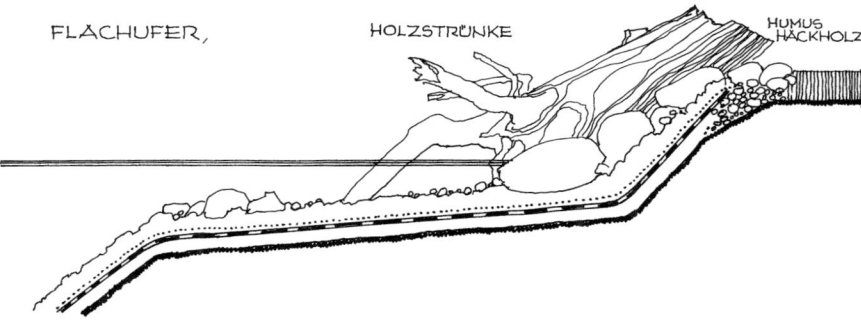

Dammkrone verfestigt und verbaut mit Rundholz und Sickerbeton

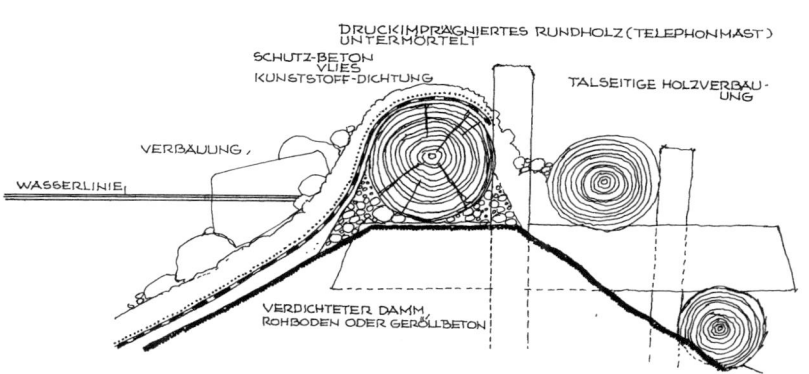

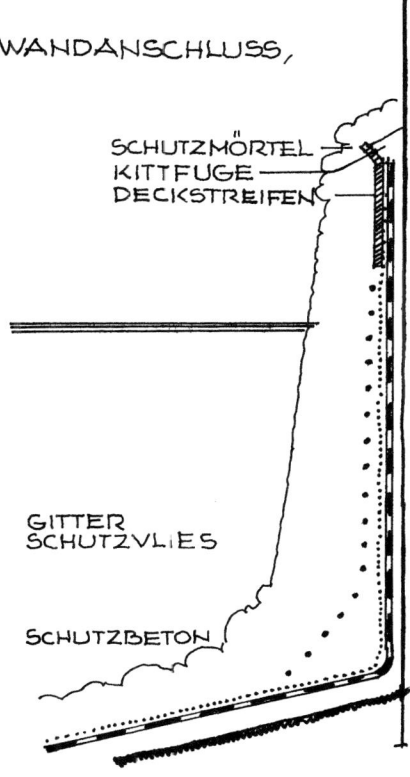

Das Schwimmbecken

Wenn die Randausbildung abgeschlossen ist, ist der Teichboden auch bereit für den Bau des Schwimmbeckens.

Seine Lage wird nun eingemessen, markiert (nochmals: keine Pfähle einschlagen!) und mit Kanthölzern umfaßt.

Auf die Beckenfläche werden Armierungsnetze ausgelegt und 10 cm hochwertiger Beton PC 300 sauber ins Gefälle abgezogen. Mit Sorgfalt steckt man in den gußplastischen Beton entlang dem Rand die Anschlußeisen für das hochgehende Mauerwerk (Siehe Schnittzeichnungen Seite 43).

Das Mauerwerk besteht aus leicht armierten Betonkammersteinen, mit denen jeder Gartenbauer umgehen kann. Trotzdem hat sich erwiesen, daß Fachleute aus dem Baugewerbe für derartige Maurerarbeiten besser ausgerüstet sind und mit professioneller Routine meist zeitlich und qualitativ einem Gärtner überlegen sind.

Beim Bau der Mauerkrone ist daran zu denken, daß im Winter das Wasser belassen wird und Frost und Eisdruck berücksichtigt werden müssen.

Das bedeutet, daß die Betonkammersteine unter der Vereisungsgrenze liegen müssen, damit der poröse Beton nicht abgesprengt wird. Naß in Naß wird deshalb der Mauerkopf wie folgt ausgebildet:

Dichtung am Wandanschluß mit Schutzmörtel

Der Uferbau erfolgt normalerweise nach Abschluß der Bauarbeiten des Beckens. Er bestimmt die verschiedenartigen Lebensbereiche zwischen Wasser und Land. Seichtwasserzonen, Bereiche wechselnder Wasserüberflutung, Kiesufer und Vegetationsgürtel charakterisieren das ganze Gewässer. Technisch sind die entsprechenden Vorkehrungen schon vom Bodenprofil des Aushubs an bis zur Überschüttung und den Verbauungen vorzusehen. Der Einbau der Kunststoff-Folie, ihre Befestigung und die Sicherung der Ränder muß sorgfältig vorbereitet und ausgeführt werden. Besonders bei dammartigen Aufschüttungen bietet die langfristige Festigung Probleme infolge möglicher Bodensetzungen. Von Fall zu Fall sind die Konstruktionen den Gegebenheiten anzupassen.

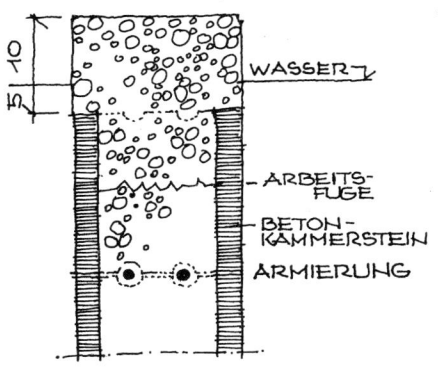

Mauerkrone mit Betonkopf wegen Eisbildung und Ausfrieren

Die Ausbildung des Mauerkopfes bestimmt die Höhe der Steinlagen bis auf den Beckenboden und muß beim Bauprojekt höhenmäßig schon beim Aushub berücksichtigt werden. Im Unterwasserbereich genügt das saubere Abglätten bei der letzten Betonfüllung.

Auf den Boden kommt nun ein feiner, wasserfester, 2 cm dicker Mörtel, und die Wände werden mit 5 mm hochwertigem Mörtel auf der Beckenseite abgeglättet. Der hochwertige »wasserfeste« Mörtel erschwert die Kalkauswaschung des Mauerbetons, und die feine Bearbeitung des Bodens und der Wände erleichtert die Reinigung des Schwimmbereiches. Bald schon werden Algen den Mörtel patinieren, und nur die geometrische Form erinnert an das Unterwasser-Menschenwerk.

Bei einer Trennung von Schwimmbereich und Naturteich tritt die Trennwand natürlich als harte Geometrie in Erscheinung. Der besondere Reiz liegt nun darin, diese Zäsur zu gestalten und daraus

Verschiedenartige Ausbildung der Trennwand zum Teich als Steg

Die Betonkammersteine sitzen auf der leicht armierten Bodenplatte

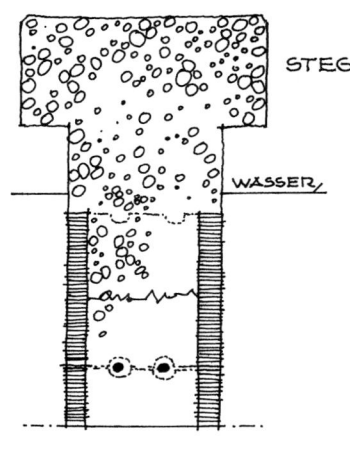

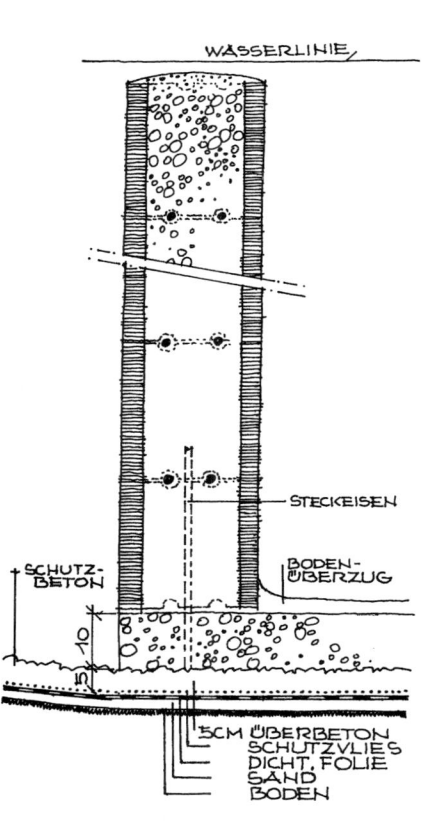

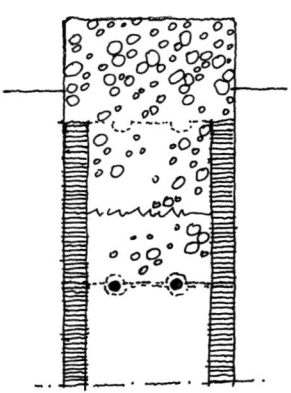

einen begehbaren Steg zu machen. Hier sind der Phantasie keine Grenzen gesetzt; Form und Material folgen Geschmack und finanziellen Zielen.

Vier Prinzipien sind auf den Zeichnungen unten dargestellt.
Landschaftsgestalterisch ist ein derartiger Steg ein dominierendes Element und muß im Gesamtkonzept entsprechend harmonisch integriert oder akzentuierend zur Geltung gebracht werden.

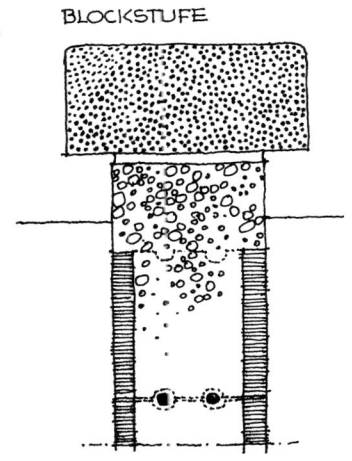

BLOCKSTUFE

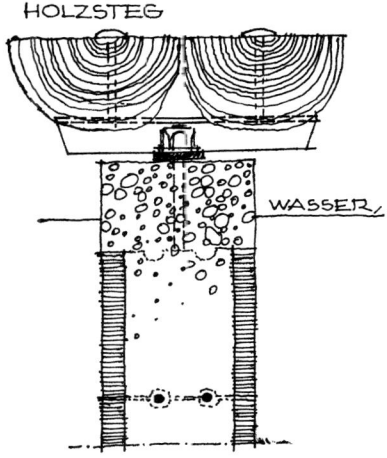

HOLZSTEG

WASSER

Der Überlauf

Beim Auslegen der Kunststoff-Folie werden mit der endgültigen Bestimmung der Normalwasserhöhe das Ausmaß und die Abflußhöhe als Bezugsgrößen für alle weiteren Messungen festgesetzt. Wie bereits betont, ist das Anstauen des Wassers bei Gewitter in Betracht zu ziehen, und die nötige Überhöhung der Randpartien auch bei möglichen Senkungen des Terrains ist vorzunehmen. Der Überlauf liegt auf der Seite des Schwimmbeckens.

Der offene Überlauf über eine technische Schwelle zur Höhenregulierung in ein nahes natürliches Gewässer bietet einen wichtigen weiteren Gestaltungsraum. Dauernd oder temporär fließende Gewässer über wechselnden Substraten mit Trockenzonen, Nischen und stehenden Plätzen schaffen ein breites Feld für Spezialbiotope.

Wenn der Bau des Beckens beendet und Wände und Boden verputzt sind, werden die Hinterfüllungen eingebracht.

Die Filterzone muß groß sein, da an der Oberfläche bald eine Schlammschicht aufliegt. Es empfiehlt sich, am Fuß der Außenwand ein mindestens 3 m langes Filterrohr zum Beckendurchbruch zu legen. Darauf folgt die Geröllpackung mit der Überschüttung mit Rundkies von schichtweise abnehmender Körnung (siehe Seite 48).

Auf den äußeren Beckenseiten wird für den Wurzelraum des Röhrichts eine Kiesschüttung eingebracht (Zeichnungen Seite 43). Damit ist der eigentliche Baubetrieb beendet, und die letzten gestalterischen Uferverbauungen werden abgeschlossen (Zeichnungen Seite 44). Dies betrifft insbesondere den Einbau großer Baumstämme als Verbindung vom Wasser zum Land. Sie leiten über in ein angrenzendes Moorbeet und werden in Kürze als bemooste Skulpturen vergessen lassen, daß Menschenhand sie an diesen Ort gestürzt hat. Für unzählige Pflanzen und Tiere sind sie Standort und Nische.

Damit rückt der Augenblick heran, wo das Becken gefüllt werden kann. Wo-

Ausbildung des Teichrandes

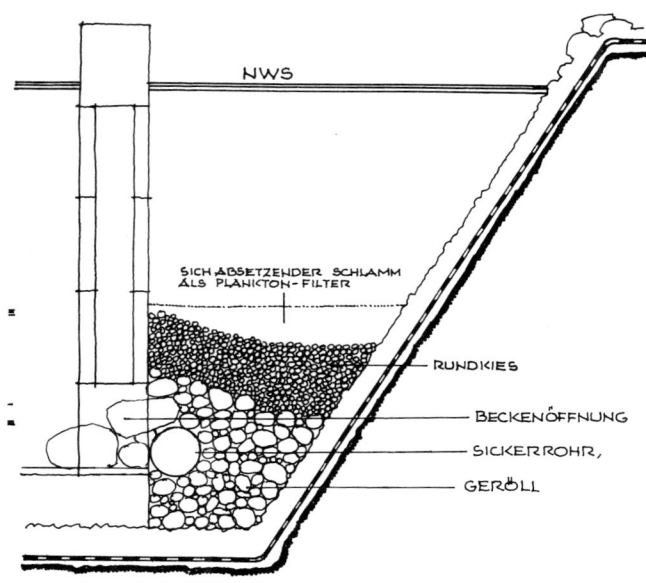

Überlaufschächte mit Überlauf. Oben über gelochtem Deckel, unten bei tiefliegender Kunststoffabdichtung

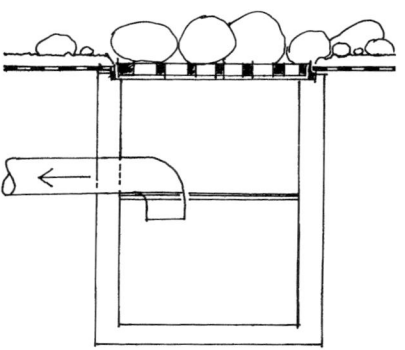

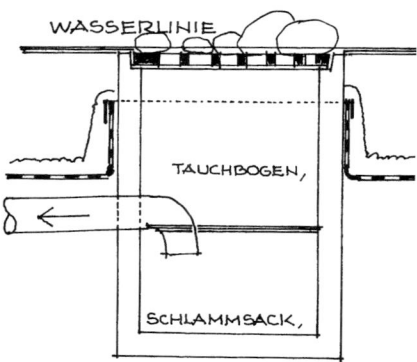

möglich sollte der Beton einen Monat an der Luft abbinden. Regenfälle haben in der Zwischenzeit gewiß schon die Sohle bedeckt.

Ob man nun mit Dachwasser oder Leitungswasser füllt, ist unerheblich. Dachwasser ist kalkarm, falls es von einem Ziegeldach kommt, kann aber andere Belastungen enthalten. Leitungswasser wiederum kann ganz unterschiedlich nährstoffreich sein.

Langfristig spielt dies eine untergeordnete Rolle, da der zukünftige Wasserhaushalt von gewichtigeren Faktoren bestimmt wird. Es kommt hinzu, daß die Differenz zwischen Niederschlägen und

Verdunstung für einen steten Wasserwechsel sorgt.

Das Wasser ist nun bis zum Überlauf aufgefüllt. Täglich wird der Beckenboden weißer, und die kristallklare Bläue der Tiefe verrät, daß momentan noch jegliches Leben in der seifigen Lauge erstorben ist.

Die chemischen Abbindungsprozesse haben eingesetzt, und Kalk verbindet sich mit der im Wasser gelösten Kohlensäure zu einer stabilen Kalkverbindung, die als feines weißes Mehl ausflockt und den Boden mit Kalkschlamm bedeckt. Je nach Jahreszeit und Wasserqualität beginnt das Wasser sich nach einem Monat grünlich zu verfärben – die Lauge hat sich neutralisiert, und die ersten Algen beginnen nun ihre Entwicklung. Dann kommt die Zeit, zu der die vorgesehenen Wasserpflanzen und die Ufervegetation eingebracht werden dürfen.

Betrieb und Pflege

Nach dem ersten Wasserfüllen wird es, wie bereits gesagt, einige Zeit dauern, bis die Kalzifikation abgeschlossen ist. Der feine Kalkschlamm darf im Becken abgesaugt werden, um von allem Anfang an im Schwimmbereich keine Schlammbildung aufkommen zu lassen. Pflanzen und Tiere haben ihre Lebensbereiche und Nischen in den Teichzonen und sollen nicht ins Becken gelockt werden. Nach dem Laubfall im Herbst werden vor allem Blätter und Zweige entfernt und damit die Tiere in die Binnenbereiche gewiesen.

Die eigentliche wiederkehrende Teichpflege ist Winterarbeit. Sobald eine begehbare Eisdecke gebildet ist, wird das Röhricht mit Leichtigkeit über der Oberfläche gemäht. Wenn immer möglich, soll jedoch das dürre Schilf zu einem Drittel stehengelassen werden. Dürres Schilf ist in sich ein wichtiges Kleinbiotop und die Seichtstellen mit den abgestorbenen Halmen bilden kleinklimatisch die Frühlings-Laichnischen. Hier decken sich auf diese Weise biologisch begründete Maßnahmen mit den ästhetischen Wünschen nach dekorativer Wirkung des winterlichen Röhrichts.

Nach einigen Jahren werden insbesondere die Seichtzonen verlanden. Ein Zerstörungsbiotop muß wiederhergestellt werden. Der September ist eine gute Zeit, um ins warme Wasser zu steigen und von Hand und mit dem Messer fleckenweise die Wurzelkissen vom Untergrund zu zerren und abzuschneiden. Die Zeit der Jungtiere ist im Spätsommer vorbei, und bei vorsichtiger Arbeit wird kaum ein Lebewesen betroffen. Die neuen Vegetationslücken sind Störungs- und Zerstörungsbiotope, die manchem pflanzlichen und tierischen Lebewesen die Existenz ermöglichen. Dies betrifft sowohl kiesige wie auch lehmige Uferbereiche.

Es wird insbesondere wichtig sein, die Populations-Dynamik des Röhrichts und der Uferbepflanzung zu beobachten. Je nach Voraussetzungen werden sich einzelne Arten auf Kosten der augenblicklich schwächeren fast explosionsartig vermehren. Hier zerstörend einzugreifen, ist legitim und zwingend, denn meist ist es nur ein Pionierdruck weniger Arten wie Rohrkolben, gelbe Schwertlilie, Igelkolben, die in einer stabilisierten Gesellschaft ihre Dominanz verlieren. Der Entwicklungsdruck zur Monokultur weniger Arten besteht in allen Pionierphasen und darf gerade aus der Einsicht, daß ursprüngliche Natur zu einem bedeutenden Teil aus wechselnden Störungs- und Zerstörungsbiotopen bestand, durch Menschenhand korrigiert werden.

So besteht die Pflege einer derartigen Anlage nicht in gärtnerischer Intensivkosmetik, sondern aus Beobachtungen, Vergleichen und schließlich jenen wenigen zerstörenden Eingriffen, die für die Erhaltung und Förderung einer großen Artenvielfalt nötig sind. Damit verbunden und Voraussetzung dafür, ist eine verfeinerte ästhetische Wahrnehmung und bewußtes sinnliches Erleben unserer Umwelt.

Beispiele

Ein konventionelles Betonbecken ohne Wasseraufbereitung, in die Landschaft gebettet

Wohnen am Teich

Die folgenden Beispiele sollen auf das Thema einstimmen und vermitteln, wie sich ein natürliches Gewässer mit Architektur verbindet und jene Selbstverständlichkeit erzeugt, mit der Mensch und Natur sich in Harmonie vereinen.

Es sind kleine Gewässeranlagen, in denen sich Kinder tummeln und sich mit Wasser vertraut machen können.

Vegetation ungestört entwickeln. Auch das Gegenufer mit den Holzverbauungen und dem Moorbeet ist unzugängliches Rückzugsgebiet für Tiere und Pflanzen.

Ein drittes ist das Schwimmbecken an der Südseite des Hauses. Auch dieses ist strukturell, axial in das Gebäude integriert und erscheint als klares geometrisches Gebäudedetail. Von allem Anfang an wurden jedoch die eingebauten Wasseraufbereitungsanlagen außer Betrieb gesetzt und

Der Ursprung dieser Ideen: Wohnhaus des Verfassers mit Schwimmbecken ohne Wasseraufbereitung und Hausfront im Teich (1967) Fotos siehe Seite 52

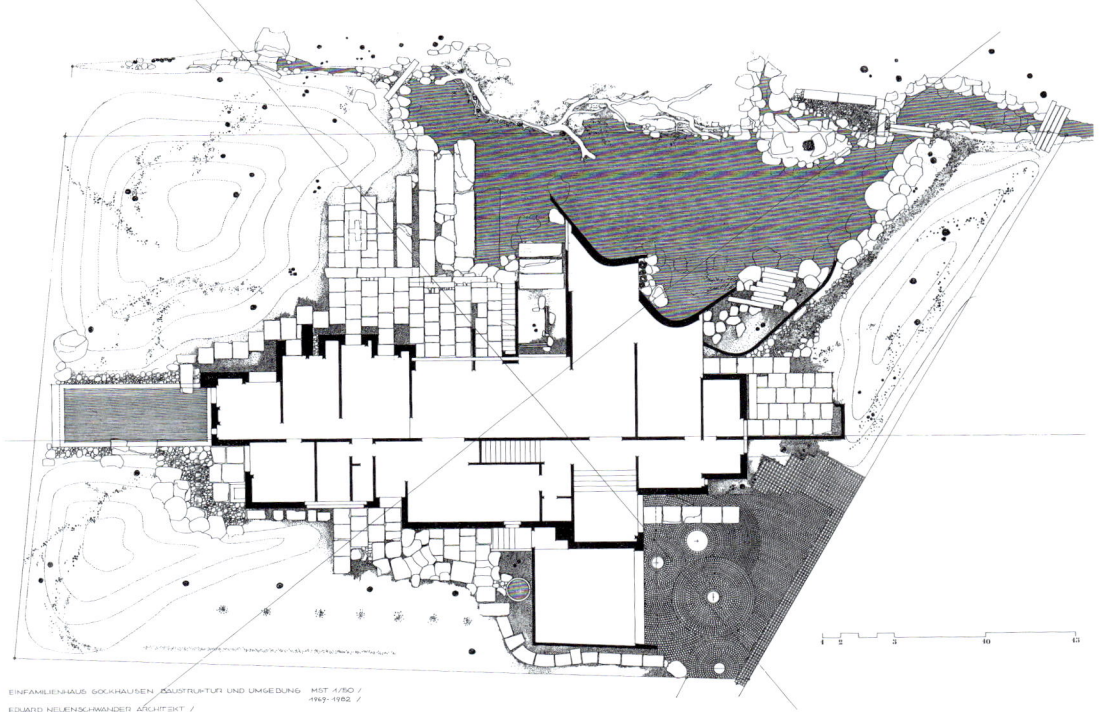

Im Wohnhaus Gockhausen sind drei Elemente verwirklicht:

Zum ersten überschneiden sich die Wasserebene und das Relief der tischgroßen, roten Schieferplatten in der gestuften Aufenthaltszone. Die Tafeln setzen sich unter Wasser fort und schaffen eine saubere, seichte Teichsohle.

Zum zweiten verklammern sich Gewässer und Bau, und es entstehen geschützte Nischen, wo sich Tierwelt und

das Becken der Selbstreinigung überlassen. Ein Holzkübel mit Seerosen am Beckenende wurde bald zur biologischen Insel und Stützpunkt für vielfältiges Wasserleben, und es ist ein einmaliges Erlebnis, sich schwimmend den Wasserfröschen auf den Seerosenblättern bis an den Blattrand zu nähern. Das geometrische Wasserbecken wird somit durch das Wasserleben und die umgebende natürliche Vegetation in die Landschaft eingebunden.

51

Die Jauchegrube als Planschbecken

Der Gesamtplan über eine dreiteilige Bauernhausgruppe soll die gestalterische Einheit von Zugang, Innenräumen und Garten zeigen. Beim Bau war über die weitere Verwendung der eingedeckten Jauchegrube zu entscheiden. Eine augenblickliche Laune gebar den Einfall, sie freizulegen und als Wasserstelle dem Aufenthaltsbereich zuzuordnen. Granit-Randsteine fassen die Längsränder, und ein Quersteg aus einem Balkenpaar verbindet die Haus- mit der Gartenseite des mittleren Hauses. Die Zweiteilung verhindert zwar die großflächige Nutzung

des Beckens, schafft aber den doppelten Vorteil: Der Kleinkinder wegen bestanden die Eltern auf einer Kiesfüllung bis Planschbeckentiefe. Damit kann die eine Beckenhälfte mit Wasserpflanzen ungestört begrünt werden, während die andere Seite dem Kinderbad vorenthalten bleibt. Die Brücke selber bietet als weiteren Vorteil die Beschattung einer Wasserzone, was als aquatisches Dunkelbiotop für die biologische Vielfalt einer derartigen Kleinanlage höchst wertvoll ist und die Selbstreinigung des Wassers fördert. Als Spur einstiger Nutzung gehört das kleine Werk zum Ambiente einer ländlichen Siedlungsart und bereichert die Garten-Stimmung.

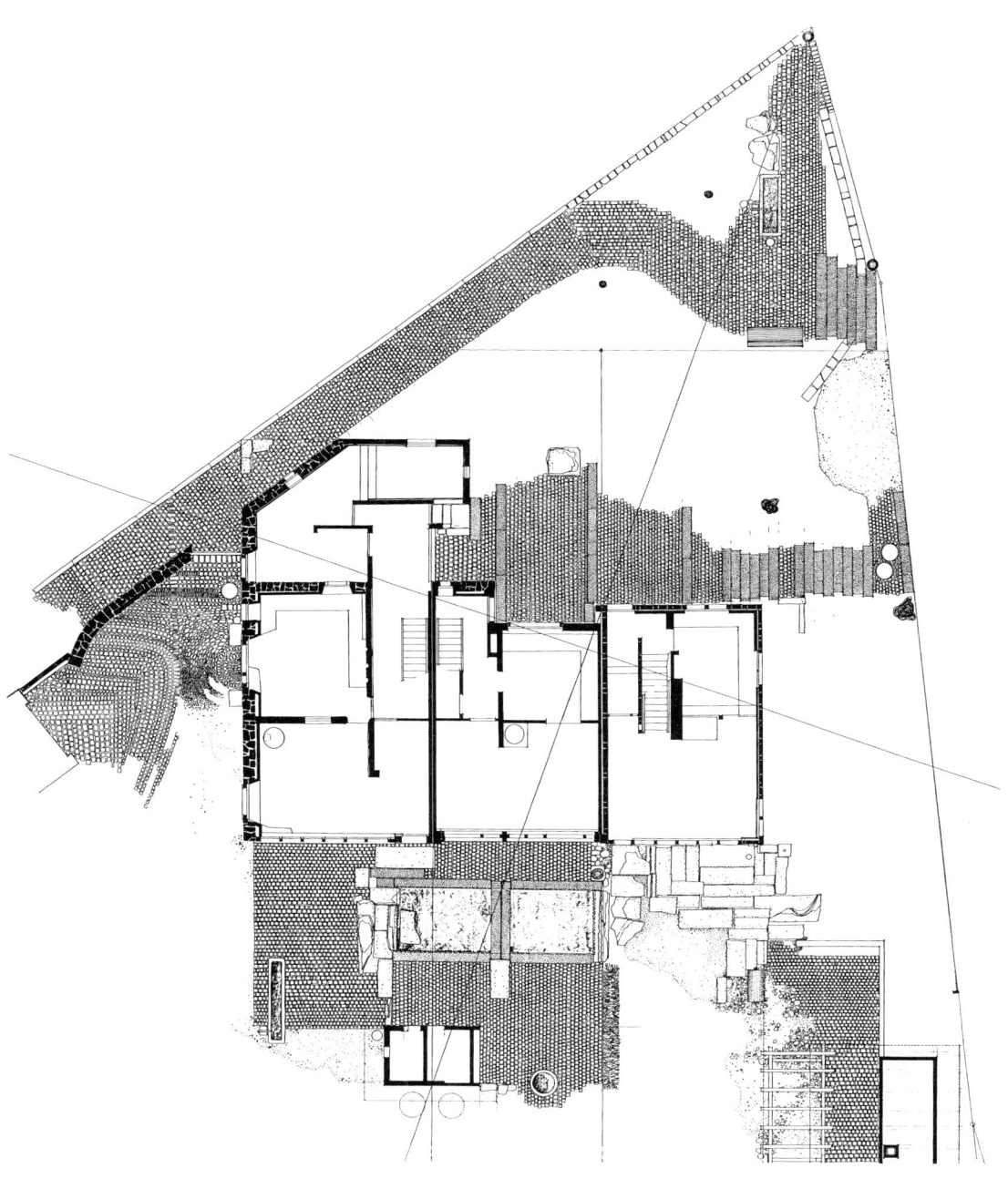

Linke Seite oben: Der Sitzplatz am Wasser. Als Skulptur verzahnt sich das Gebäude mit der Umgebung

Unten: Auch der Beton des Schwimmbeckens wird Naturstein

Kleines Bild: Die abgedeckte Jauchegrube wird Planschbecken

Oben: Das Bauernhaus mit der Jauchegrube

Ein »Burggraben«

Unter den vielen Möglichkeiten des Bezugs von Wasser zu Architektur hat das nebenstehende Beispiel einen besonderen Reiz. Das Haus steht visuell im Wasser, eine Art Burggraben spiegelt den Bau im Wasser und strahlt gleichzeitig Schutz und Sicherheit aus. Eine naturgebrochene Sandsteinplatte verbindet den Wohnraum und den gegenüberliegenden Sitzplatz. Das Gartenhaus faßt den Raum, und mit den geschwungenen Umfassungsmauern entsteht ein wohnlicher, gestufter Innenhof.

Das Dachwasser des Gartenhauses wird in einem granitenen Rundtrog gefaßt, fließt über und rinnt ins Becken. An beiden Beckenenden steht Röhricht und ist für Amphibien und Fische Unterschlupf und Überwinterungsquartier. Für die Kinder ist neben der steinernen Brücke aus weich geschliffenen Findlingen ein leichter Klettersteg gebaut. An heißen Tagen kühlen sich die Kinder neben den Fröschen, paddeln mit einem kleinen aufblasbaren Schlauchboot und lassen ihre selbstgebastelten Galeeren treiben. Neugierde wird geweckt für den Schwarm der Fische, die Wasserkäfer und Libellenlarven, Bergmolche, Kaulquappen, Kröten und Frösche. Wie ein Teppich bedecken die grünen Algen den steinernen Boden, und es käme niemals der Gedanke auf, vor schmutzigem Wasser zu warnen.

Beim Bau dieses Grabens wurde das Profil der Baugrube genutzt. Über eine sorgfältig verdichtete Auffüllung bis zur gewünschten Beckensohle wurde die Dichtungsfolie gelegt und an der Gebäudefront 10 cm über den Normalwasserstand hochgezogen, befestigt und abgedichtet. Über einer Drahtgitter-Armierung wurde der Schutzmörtel aufgetragen und in einer letzten Fertigung so übergeworfen, daß ein unregelmäßig grober Saum entstand, der sich am Wasser in Kürze bemooste und mit kleinen Gräsern und Stauden begrünte.

Das schmale Becken für die Kleinkinder, Amphibien und Fische
Unten: Der Gartenplan

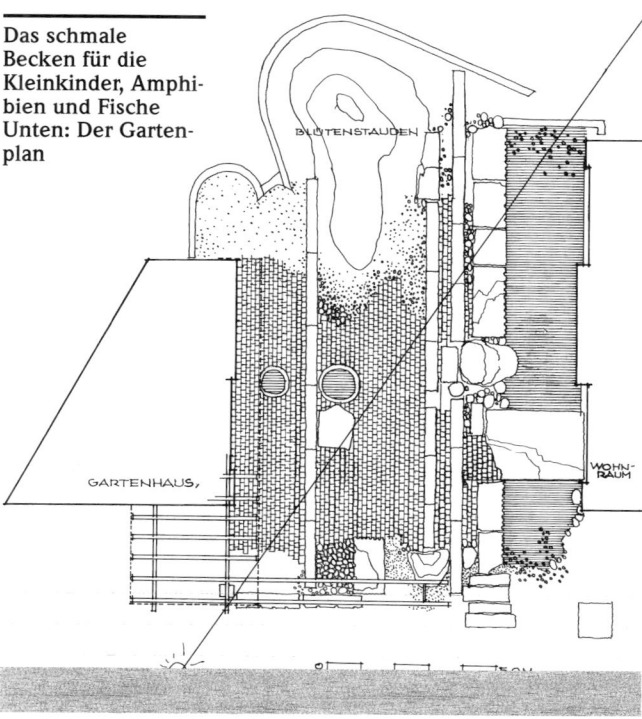

Der Teich auf dem Garagendach

Es war ein skurriler Einfall, auf einer in die Böschung eingebauten Unterflurgarage eine Wasseranlage zu bauen. Stehende Betonwinkel grenzten die zukünftige Teichdichtung gegen den kies- und erdgefüllten Gebäuderand, der mit Trocken- und Heidevegetationen als Hintergrund und Bindeglied zur nachbarlichen Vegetation wirkt. Die Wasserfläche wurde gegen das Wohnhaus über den Garagenkörper gezogen, was erlaubte, im Hinterfüllungsgebiet die Gewässersohle abzutiefen.

Mehrere Elemente sind an diesem Projekt aufs schönste verwirklicht.

Zum ersten ist es gelungen, durch die diagonale Anordnung auf dem Grundstück und visuell durch Einbeziehen des nachbarlichen Hintergrundes eine unbegrenzte Weite vorzutäuschen. Dazu beigetragen hat, daß der Höhenunterschied zwischen dem Wohngebäude mit den ebenerdigen Schlaf- und Wohnräumen und dem Teich durch eine vollflächige Steinverbauung mit Blöcken und Platten vom Wasser bis zu den Türschwellen als Relief überwunden wurde. Ein kleiner Naturstein-Plattenbelag greift in die angrenzende Trockenlandschaft der Kiesböden und Magerrasen.

An diesem Beispiel offenbart sich etwas Neues: Der Garten teilt sich nicht mehr in klar getrennte Zonen sondern wird zur ganzheitlichen Landschaft. Überall verstreut sind Stellen zum Sitzen, Nischen für Liegestühle, Flächen zum Gehen. Gleichzeitig aber ist jeder Flecken je nach Lage vielfältig begrünt und verlangt die Aufmerksamkeit des Benützers. Hier begegnen wir der so hochgradig verfeinerten japanischen Gartenkultur: Ruhe, Sorgfalt und Respekt, aber auch Freude an der Schönheit der Bodenmaterialien und der Bepflanzung.

Die große Aufnahme zeigt die plastische Ornamentik eines Wurzelstockes. Zweck ist es, für Pflanzen und Tiere Nischen zu schaffen. Holz bedingt durch seine Feuchtigkeits- und Wärmespeicherung ein eigenes Kleinklima und fördert sofortige Besiedlung.

Was dieses Objekt in seltenem Maße zeigt, ist die Bedeutung der Gestaltgebung. Dieser Wurzelstock ist eine Skulptur. Doch schon beim Versetzen zeigt sich, daß es vieler Wendungen und mehrmaligen Verrückens bedarf, bis sich die-

Gleicher Blickwinkel auf den Teich über der Garage wie auf der Bau-Aufnahme mit deponiertem Gestein

Garagendecke als Lagerplatz, im Bau

Vom Schlafzimmer aus der Blick über Sandsteinstufen auf den Teich.

Plan des Teiches über der Garagendecke, Sandstein-Blockverbauung und Sitzplatz

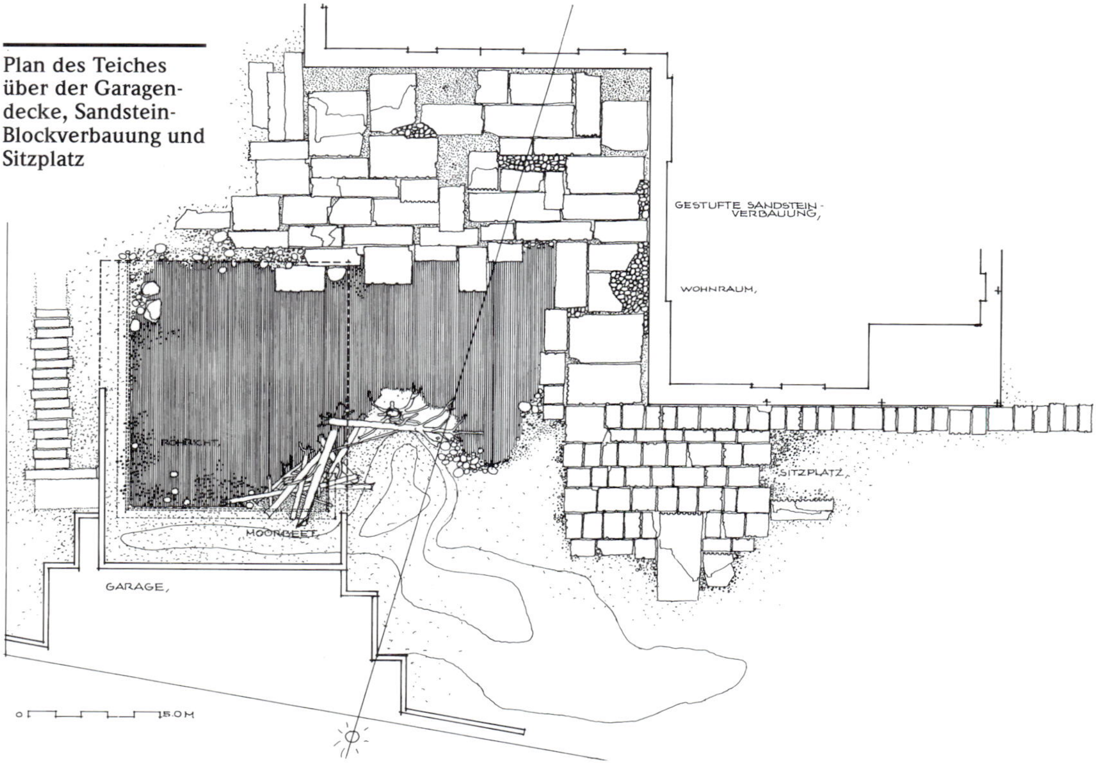

Geometrie und Natur. Die Fotos auf den beiden Seiten zeigen: Menschliche Gestaltgebung widerspricht nicht der Natur

ser Wurzelkörper in einer natürlichen Lage befindet: Sein Gleichgewicht und seine räumliche Orientierung müssen ihn aus allen Blickwinkeln als selbstverständlich und doch spannend erscheinen lassen. Zusammen mit der benachbarten Kiefer formt er ein Ensemble als Skulptur und Biotop. Die Harmonie der Gestalt entspringt dem Gleichgewicht der Materie und dem Naturhaushalt.

In diesem Sinn sind auch die drei Aufnahmen der Steinlagen zu sehen. Es sind geschichtete Sandsteinblöcke und Platten. Kanülenartige Bohrungen wie bei griechischen Säulen erinnern an den Schnitt im Gefälle, die weiterstehenden halben Bohrlöcher an die horizontale

Bruchstelle, wo die Platten durch Keile in diesen Löchern losgesprengt wurden. Schon das Relief dieser Steine ist somit Spur menschlicher Gewalt und generationenlanger Erfahrung im Umgang mit mächtigen Massen und Kräften. Nun liegen sie da, zeigen urgeschichtliche Ablagerungen und Handwerk. Stein fügt sich an Stein, Oberflächenstruktur, Gesamtform, Raumorientierung durch Proportionen, das Relief der Kanten ordnet das Mosaik.

Dazwischen steht nun die Vegetation. Das Kieslager der Steinanlage ist bester Untergrund für eine kalkliebende Trockenvegetation. Es sind großenteils Gewürzpflanzen wie Thymian, Rosmarin, Salbei, Ysop, dazu die kriechenden ausdauernden Blüten- und polsterbildenden Stauden sowie Sukkulenten. Sie bilden sofort Pflanzengesellschaften mit aufkommenden passenden Wildlingen. Es bedarf nur noch behutsamer Pflege, damit sich derartige ortsgerechte Arten von selbst im Gleichgewicht halten. Einzig die Sämlinge von Sträuchern und Bäumen sind zu beobachten – Weiden, Pappeln, Ahorn, Sommerflieder würden auch hier durch Schattenwurf den Reichtum an Pflanzen und Insekten vernichten.

So stehen denn diese Bilder als Beispiel, wie menschlicher Formwillen und Einfühlung in Natur ein artenreiches Biotop im Gleichgewicht erhalten.

Seite 61 oben:
Die Anlage ist eben fertiggestellt und man erkennt unter Wasser die Flügelmauer
Unten:
Das Becken im Bau mit zentralem Schwimmbereich. Im Vordergrund die Dammkrone aus Geröllbeton.

Ein Damm gegen das tieferliegende Parkhaus staut das Retentionsbecken

Ein Rückhaltebecken als Schwimmteich

Die Aufgaben eines Architekten und Landschaftsgestalters sind vielfältig und verlangen oft Witz und Phantasie, um aus der Not und Banalität etwas zu machen.

Bei einer Neuüberbauung blieb in der Geländemulde neben der Unterflurgarage noch Platz, um das verlangte Rückhaltebecken für das Niederschlagswasser anzulegen. Die tiefliegende Garagenfront mußte zur Belüftung offen bleiben, was den Bau eines Schutzwalles mit sich brachte. Über der verdichteten Fundamentierung wurde Sickerbeton als Dammkrone geschüttet und mit Mörtel zu einer begehbaren Mole gestaltet.

Die Wasseranlage verlockte durch ihre Nähe zum zentralen Siedlungsplatz über der Garage zu öffentlicher Nutzung. Auf der Bauaufnahme erkennt man die Gestaltungselemente. Im Vordergrund liegt der Damm mit der hellen Betonkrone. Links im Bild, im Schatten, fällt die Sickerbeton-Flanke gegen die Fensterbrüstung der Tiefgarage ab. Sie ist ganz leicht mit Humus überworfen, damit spontane Begrünung in den Betonporen mit den Wurzeln Boden fassen kann. In kurzer Zeit schon war diese Böschung grün überdeckt.

Im Becken trennen zwei Mäuerchen den Mittelbereich von den ansteigenden Seiten. Ihre Sohlen sind mit Kies hinterschüttet, um zukünftigem Röhricht Stand- und Wurzelfestigkeit zu bieten. Das Mittelfeld bleibt von Bepflanzung frei und gehört den Badenden. Ein derartig untiefes Gewässer erwärmt sich schon in früher Jahreszeit, doch die Seiten-

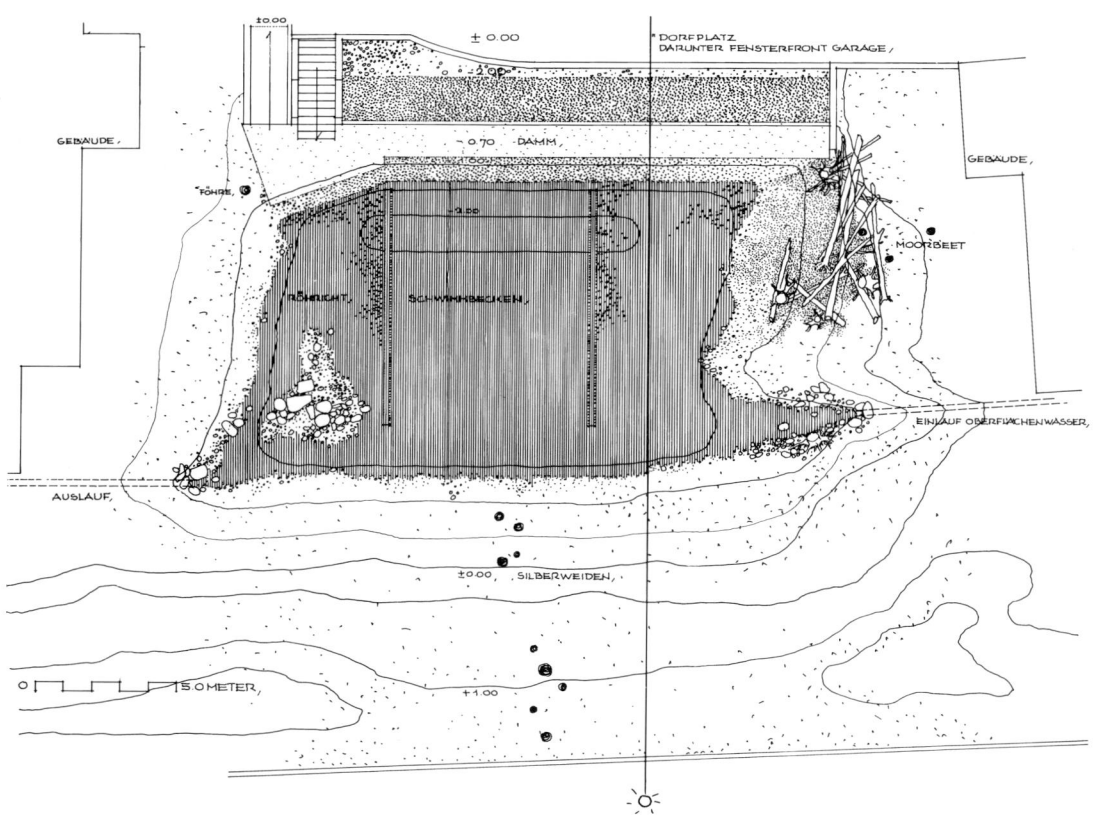

flächen mit Beschattung durch Wasserpflanzen und Röhricht behalten ihr eigenes Kleinklima. Der Badebetrieb ist nicht nur Störung, sondern fördert die nötige Durchmischung der Wärmeschichten. Pflanzen und Tiere behalten ihre seitlichen geschützten Nischen. Was in diesen Bildern im Bau und während der ersten Füllung gezeigt wird, wuchs in Kürze derart ein, daß niemand mehr ein technisches Bauwerk vermuten konnte.

Dieses Projekt zeigt einmal mehr, daß technische Voraussetzungen und Bauteile die Anlage bestimmen. Wir sollen die Architektur und die Tiefbauten nicht verstecken, sondern etwas daraus machen. Gerade die technische Geometrie steigert die Wirkung der Natur. Je widernatürlicher oft schon die Lage eines Gewässers ist, um so bedeutender ist unsere formale Beherrschung des Widerspruchs. In diesem Fall ging es um die Höhenlage eines Teiches über der Fensterfront der Unterflurgarage. Schon die Konstruktion des Dammes mußte wohlüberlegt sein. Der Kern konnte wohl verdichtet werden. Die Böschung zur Fensterfront hingegen und die Krone brauchten Verstärkung und Sicherung aus Geröllbeton. Er ist durchlässig und erlaubt die Durchwurzelung mit Kalk und Trockenheit liebenden Stauden. Als hervorragender Vegetationsträger ist Geröll, bei technischer Notwendigkeit Sickerbeton, ein noch kaum entdeckter Baustoff. So wird der Damm als Damm gezeigt, seine Flanken werden begrünt, und die Krone wird dem Aufenthalt erschlossen.

Ein gestufter Schwimmteich

Bei großen Gewässern ist die Filtrierung des Wassers zur Klärung nicht möglich und auch unnötig. Im Rahmen einer Überbauung mit 85 Einfamilienhäusern in einem städtisch verdichteten Wohngebiet bot sich, dem Zeitgeist entsprechend und als besondere Attraktion, »Natur vor der Haustüre« an. So wurde dann neben den vielen Kleingärten in der Mitte ein großes Feld ausgespart und nicht irgendeinem Zierrasen gewidmet, sondern einem zweigestuften großen Teich mit diagonalem Steg. Während der obere Teil über dem Damm unbegehbares Biotop bleibt, reserviert die Hausordnung das untere Becken dem Badebetrieb. Seitlich sind Buchten mit Röhricht und angrenzend ein Schongebiet.

Die Teiche werden durch einen kleinen öffentlichen Bach gespeist und durchflossen. Im ersten Jahr bedeckten große Grünalgen der Pionierphase, die sich vom steinigen Boden gelöst hatten, die Wasseroberflächen und führten erwartungsgemäß zur großen Enttäu-

Aushubsplan

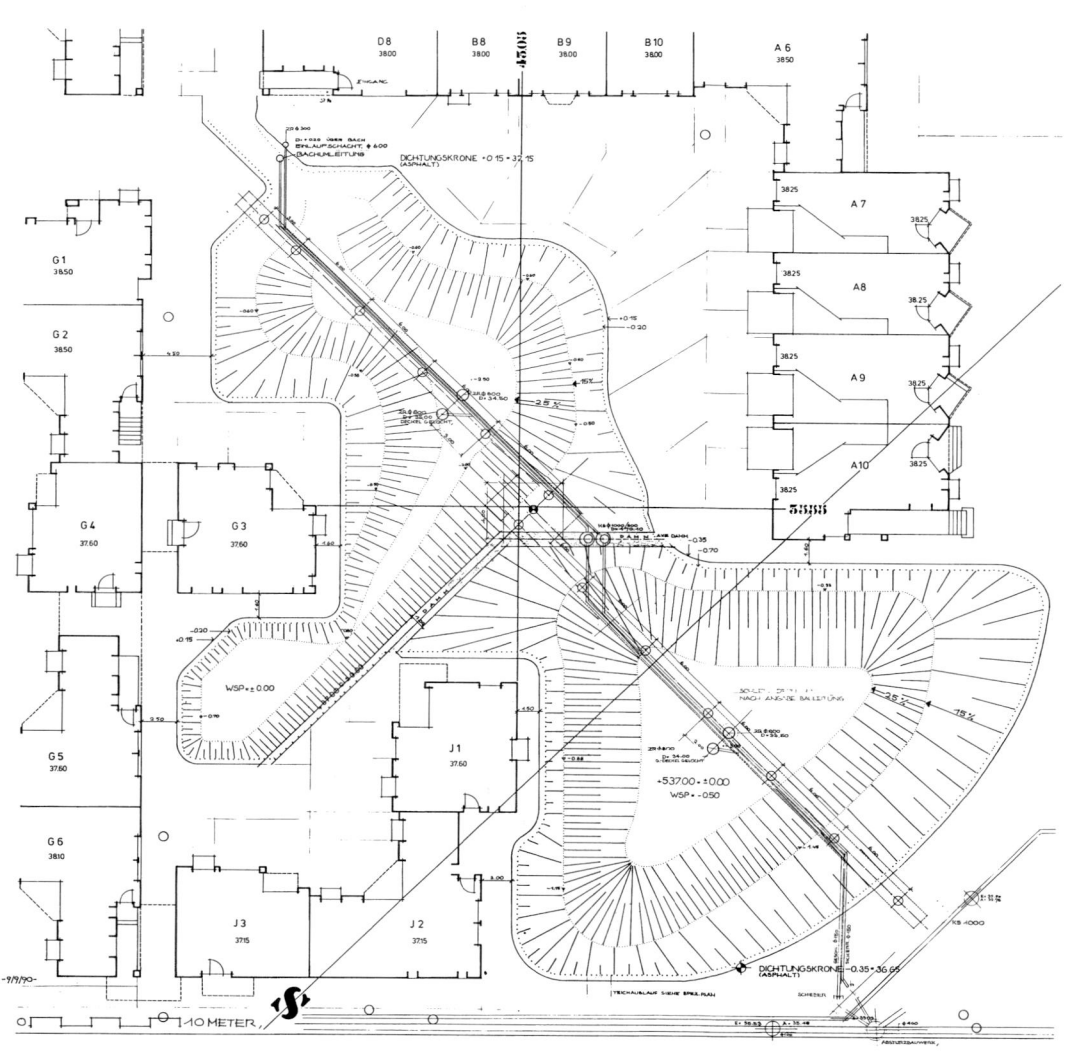

schung der Bewohner. Algen lassen sich in diesem Stadium auch mit feinen Netzen kaum abfischen, sondern zerstäuben zu milchiger Brühe. Eine erste Aufklärung der Bewohner und Mahnung zur Geduld hatte Erfolg, und schon die zweite Jahreshälfte gewährte nahezu »ungetrübte« Badefreuden. Die Teiche sind über einer Sohlenentwässerung mit Kunststoff-Abdichtung angelegt. Darüber liegt das 300 g Schutzvlies und der mit Kies überworfene Schutzbeton. Die Sohlenentwässerung ist während der Bauzeit und für eine spätere möglicherweise notwendig werdende Entleerung vonnöten und ist so angelegt, daß die Becken auch einzeln entleert werden können.

Sonnenbeschienene Ufer, Kinder schwimmen, und Gummiflöße treiben auf glitzerndem Wasser. Die Idylle verbirgt ein Werk in der Tiefe, das, sorgfältig bedacht, die Sorglosigkeit an der Oberfläche ermöglicht.

In einer ehemaligen Lehmgrube, eingeschüttet mit Aushub und minderwertigem Lehm, waren die Teiche geplant. Um

Gestaltungsplan

Bau der Stegpfeiler und Sohlenentwässerung

Quartier-Geselligkeit

Steg-Detail: Bohlen und Träger der Sitzbalken

die Entwässerungen, zwei Stränge mit unterschiedlicher Funktion und den nötigen Schächten.

Wie bei allen Teichen und bei einer großen Anlage erst recht, bedarf es der Sohlenentwässerung während der Bauzeit und für die Zukunft. Jedes Becken erhielt seinen eigenen Pumpensumpf mit offenem Zementring, nach Abschluß des Baus mit wasserdichten Deckeln verschließbar.

Ein zweiter Strang besitzt ebenfalls in jedem Teichbecken einen Schacht, um 50 cm über die Sohle erhöht, mit gelochtem Deckel. Die Überhöhung bezweckt, ihn von festem Gerümpel auf dem Grund freizuhalten. Dieser Entwässerungsstrang mündet in einen eigenen Kontrollschacht mit Schieber, so daß die Teiche bei Bedarf entleert werden können. Die Trennung der beiden Entwässerungssysteme erfolgte, um nicht bei Teichablaß den Sicker-

für den Steg einfache Tragelemente für die Wasserdichtung zu schaffen, wurden runde Pfeiler vorgesehen. Als Arbeitsplanung für die Ramme wurden ein breiter Graben ausgehoben, die Pfahlpaare gerammt, eine Sockelplatte gegossen, die Zementringe über die Armierungskerne hochgezogen und ausgegossen. Erst jetzt wurde der Aushub genau nach gezeichneten Profilen vollendet und die Sohle geglättet. Gleichzeitig mit dem ersten Aushub und mit dem Bau der Pfeilerfundamente legte man

strang der Sohlenentwässerung durch Rückstau zu fluten und unter der Dichtungsfolie den Boden auszuwaschen.

Formal und konstruktiv geht auch der Steg neue Wege. Holzbohlen liegen auf quergelegten Stahlwinkeln. Es sind Winkelpaare, damit die Bohlenverschraubung dazwischen liegt, von unten verschraubt wird und das Holz nur auf den schmalen Schenkelköpfen aufliegt, was zugleich Durchlüftung und Schutz vor Fäulnis bedeutet. Statt eines vorschriftsmäßigen Geländes einigte man sich darauf, beidseitig auf Sitzhöhe etwa 60 cm breit drei massive Balken zu legen. Sie laden zum Verweilen und zur Begegnung, zum Sonnenbaden und als Sitz beim Fischen ein. Damit ist aus dem Steg etwas Neues geworden, nicht mehr nur Verkehrskanal und Brücke, sondern Aufenthaltsbereich mit starkem Bezug zum Wasser.

An jedem Gewässer sind die Ufer das Bestimmende. Wie der Aushubsplan deutlich erkennen läßt, folgt eine breite, schwach geneigte Sohle der Uferkante. Die eine Front mit dem Stegkopf ist charakterisiert durch eine Treppenanlage in Naturstein zum Einstieg ins Wasser. Mütter setzen sich auf die Stufen und lassen die Kleinkinder planschen. Bänke in heckenumschlossenen Nischen unter schützenden Bäumen laden auch hier zu sommerlicher Begegnung ein.

Mit dem Projekt war eine wesentliche Auflage des Naturschutzes verbunden. Die frühere, später aufgelassene Lehmgrube war ein wertvolles Biotop und Habitat seltener Pflanzen und Tiere. Wenigstens in minimalem Maße sollte Ersatz geschaffen werden. So wurden Ufer und Buchten durch Holzverbauungen, Schutt und Felsbrocken unzugänglich gemacht und mit vielartigen Nischen versehen. Eine angepaßte Uferbepflanzung nimmt vorweg, was sich im Laufe der Zeit ökologisch ergänzt. Ein derartiges Gewässer bleibt ein Störungsbiotop und bietet gerade darin die Chance, auch zukünftig spezialisierten Pflanzen und Tieren Bestand und Unterschlupf zu gewähren.

Oben: Ein Lager von Baumstämmen und Ästen bildet den Unterbau für das Feuchtgebiet

Kleines Foto: Baumstämme markieren die Grenze zum Röhricht

Unten: Die Granittreppe als Einstieg

Seite 67:
Das obere Becken mit Südbereich des Sees

Der Nordbereich des Sees mit Einlaufbecken oben, Auslaufbauwerk unten

Ein Quartier-See

1978 wurde ein Gestaltungswettbewerb über das ganze Universitätsgebiet Zürich-Irchel ausgeschrieben mit der Auflage, möglichst einheimisches Gehölz zu verwenden.

Dies war der Anlaß, die Aufgabe völlig neu zu stellen. Das westliche Parkgebiet, von Verkehr umbrandet, wurde mit bewaldeten Hügeln umfaßt und gegen den Lärm abgeschirmt. Ein Netzwerk von Wegen durchzieht das Areal und schafft vielfältigste Landschaftskammern wie Spielwiesen, Blumenwiesen, Brachflächen, Hecken und Gehölze. Im Zentrum liegt der stark gegliederte See als Erlebnisbereich mit geschützten Spezialbiotopen und Bademöglichkeiten.

Ein natürliches Gewässer ist bestimmt durch die Ufergestaltung. Untiefen, seichte und wechselfeuchte Sumpfzonen und der anschließende Ufersaum besitzen die ihnen entsprechende Fauna und Vegetation. Eine wesentliche Seite der Parkgestaltung bestand darin, dem menschlichen Benützer ein Biotop zu verschaffen, das seine Ansprüche erfüllt und ihn davon ablenkt, natürliche Spezialbiotope zu beanspruchen und damit zu zerstören.

Der technische Gestaltungsplan als Grundlage des Aushubs läßt ein wesentliches Merkmal des Geländeprofils erkennen. Der schwach geneigte Uferbereich wird in 70 cm Wassertiefe durch eine Berme, eine horizontale Stufe, gefaßt. Sie hat doppelte Bedeutung: Sicherheit für Kinder, die hier noch stehen können, und die Möglichkeit, in dieser

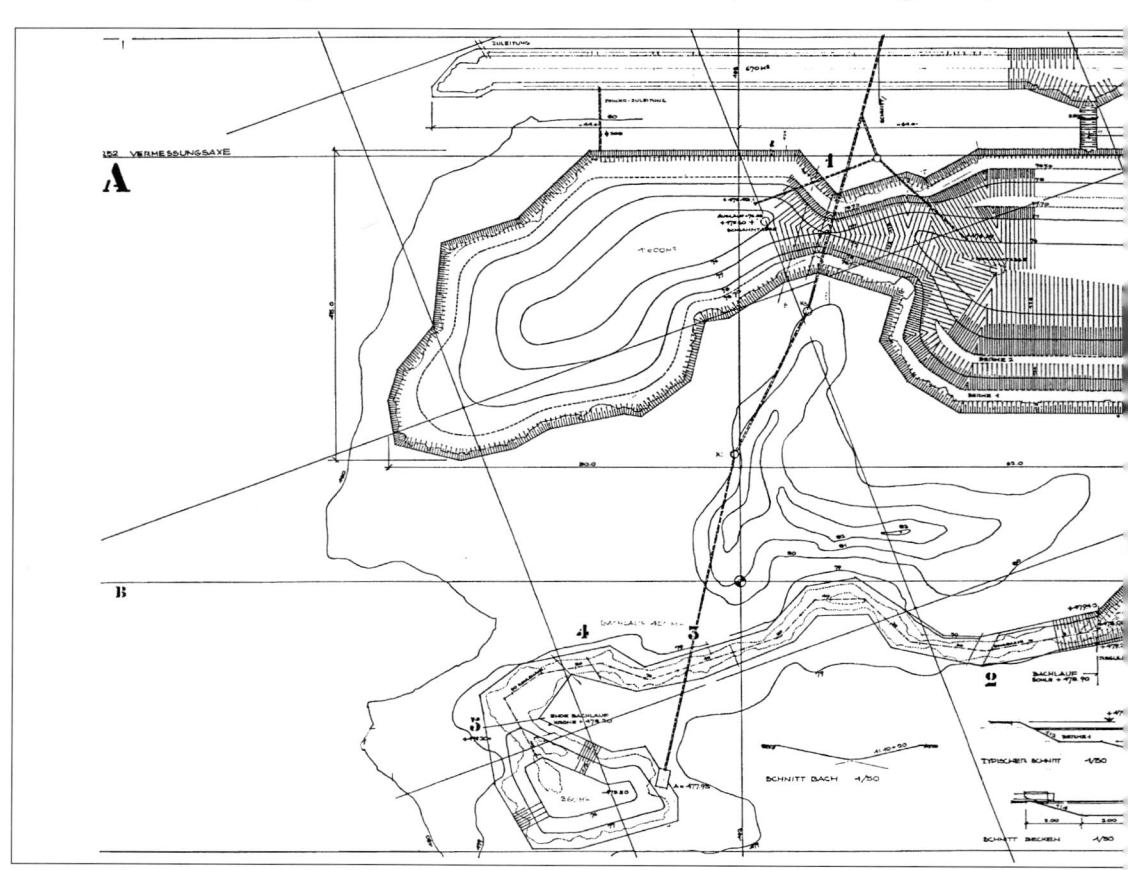

mittleren Wassertiefe Verbauungen aufzulagern und Röhricht zu pflanzen.

Dann fällt der Grund steiler in die Tiefe bis 1.50 m unter Wasserstand, um nochmals eine Stufe zu bilden, wo ein Erwachsener Stand findet. Auch hier bietet sich nochmals eine Pflanzmöglichkeit.

Über undurchlässigem Grund mußte das Becken wie im Straßenbau mit Asphalt gedichtet werden. Sohlenentwässerung unter der Dichtung und Grundablaß waren sorgfältig zu planen. Der kleine See wird durch die Wasserzufuhr eines bergseitigen Baches gespeist, dessen einwandfreie Wasserqualität zur Reinigung beiträgt. Die Niederschläge und alles Oberflächenwasser dieses Talkessels werden dem Becken zugeführt.

Schon während der Fertigstellung des Parkgebietes eroberten die Kinder das

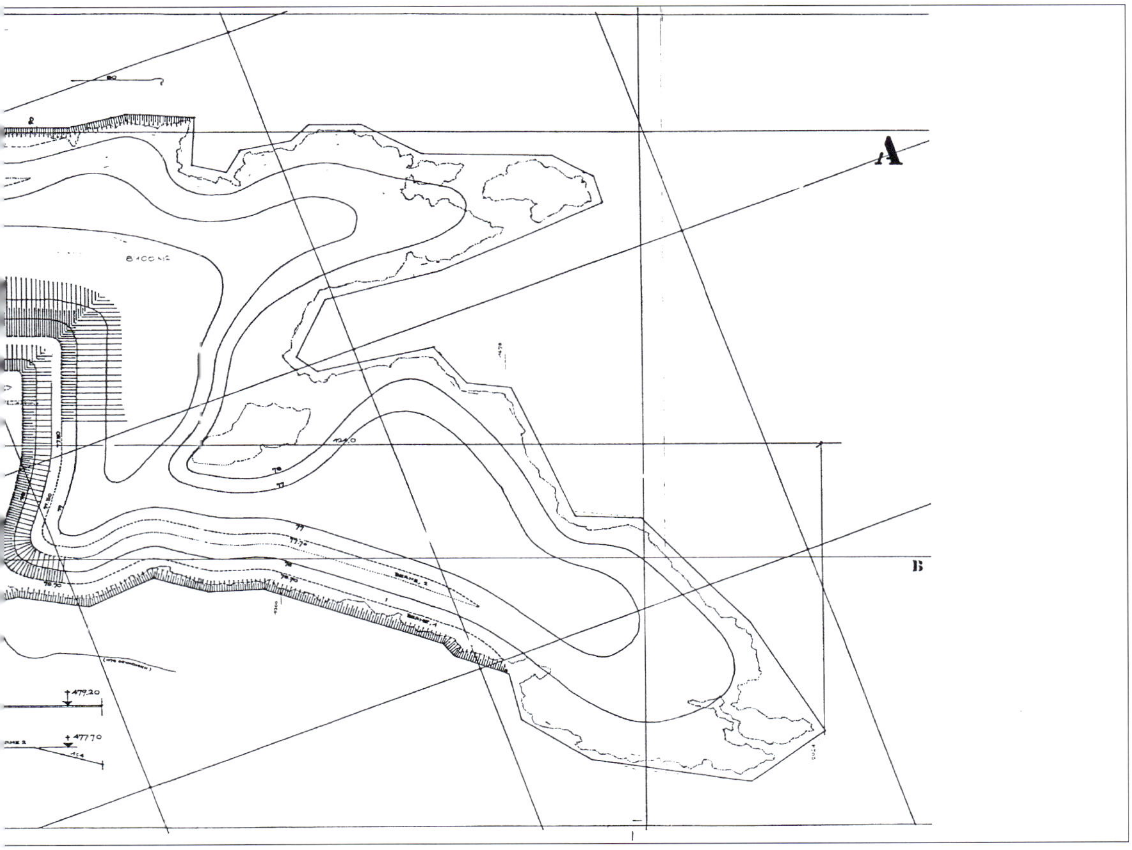

Seite 69 oben:
Stille Bucht und ein Trampelpfad entlang dieser Bucht
Unten:
Überblick auf den Seespielplatz

Erratische Blöcke

Gewässer. Sie erbeuteten Baumaterial, wälzten Baumstämme aus den Uferverbauungen und entwickelten ein wildes nautisches Leben. Nicht nur der Badebetrieb, das Erlebnis Wasser, hatte unerwartete Formen gefunden, sondern ganz besonders die damit verbundene Baulust und Phantasie im Umgang mit dem Naß. Mit Abschluß der Bauarbeiten verschwanden Bauschutt und Holzabfälle und damit ein ganz wesentliches Element kindlicher Erfahrungswelt. Es ist für die Zukunft ernsthaft zu überlegen, wie auf selbstverständliche Weise dem komplexen Spieltrieb des Jugendlichen Material geboten werden kann. Auf selbstverständliche Weise deshalb, weil gerade im »Stehlen«, Aneignen und Erobern ein wesentlicher, gesunder Ansporn liegt, im Gegensatz zu den perfektionierten Robinson-Spielplätzen.

Mit diesem Thema sind wir im Kern einer Problematik, die uns in allen Fragen der Natur – und der Mensch ist davon eben in keiner Weise ausgeschlossen – gestellt ist, nämlich dem Mangel an Störungs- und Zerstörungsbiotopen. Ein ganz wesentlicher Lebensbereich für pflanzliche und tierische Lebensgemeinschaften ist deshalb in der stabilisierten Landschaft am Aussterben, und auch dem jungen Menschen fehlt ein wesentlicher Anteil an diesem Typ Lebensraum, um seine geistige und körperliche Erfahrung harmonisch zu schulen.

Gestalterischer Leitsatz dieses Parks ist, in allen Bereichen eine höchste Vielfalt an Voraussetzungen zu schaffen und die Natur – darin sind die Menschen eingeschlossen – nach Maßgabe ihrer Interessen Besitz ergreifen zu lassen. In diesem Sinne wirken das höhergelegene Einlaufbecken in den Steinverbauungen und der See mit zwei besonderen Uferstreifen sowie der Holzsteg als Orte, wo das Wasser den Besuchern jeden Alters zugänglich gemacht ist.

Vor allem der Seespielplatz bietet eine Vielfalt an Elementen, die vom Kleinkind bis zum Jugendlichen gefahrloses Spielen und Baden erlauben. Fingertiefe Wasserstellen senken sich zu knietiefen Bereichen, die mit schützenden Blöcken gefaßt sind, um nicht nur technische Sicherheit, sondern auch psychologisch Geborgenheit zu vermitteln. Das Relief der Platten, Kuben und erratischen Blöcke kann Ansporn für die kindliche Phantasie sein, darin Brücken, Molen und Häfen zu sehen. Die Wirklichkeit zeigt, daß dieses menschliche Biotop in hohem Maße angenommen wird und sich im Kleinkind bis zu den wachenden Senioren selbst im innerstädtischen Bereich eine Erfahrung mit natürlichem Gewässer entwickeln kann.

Nicht gelöst ist die Frage der Wasserqualität. Messungen weisen nach, daß die Zufuhr von bester Qualität ist, wenngleich offensichtlich in ungenügender Menge. Die Wassergüte des Sees schwankt je nach Jahreszeit. Der Grund dafür ist die Gewässerverschmutzung aus einer Kettenreaktion. Nicht die Badenden trifft die Schuld, sondern ein ganz besonderes soziales Problem und

Bedürfnis: die Tierliebe. Kinder, Familien und vor allem Einsame haben ein urtümliches Bedürfnis, Tieren Zuneigung zu schenken und die Reaktionen darauf zu genießen. So werden sackweise Lebensmittel herangeschleppt, um die »armen darbenden« Wasservögel zu jeder Tages- und Jahreszeit zu füttern. Dies führt zu einer unheilvollen Überpopulation der Wasservögel, die den See derart überdüngen, daß sich in der Tiefe der Pflanzenwuchs und die Fische tonnenweise vermehren, womit die Düngung in der Kette weitergetragen wird und es heute noch nicht abzusehen ist, wie dieser Kreislauf unterbrochen werden kann. Da der soziale Aspekt der Tierfütterung nicht durch Verbote beeinträchtigt werden soll, wird der einzige Weg vielleicht sein, die Bevölkerung durch Aufklärung auf bessere Art mit der Natur zu verbinden.

Der Seespielplatz

Schon die ersten Gedanken während des Wettbewerbs richteten sich ganz besonders auf das Gewässer und dessen Belebung. Der Widerspruch zwischen heiler Landschaft und intensiver menschlicher Beanspruchung war offen dargelegt und verlangte eine Antwort.

Das kanalartige Einlaufbecken, erhöht liegend als Teil der Treppenlandschaft, vereint Naturelement und Kunstwerk. Die Natursteinbrücke und die beiden Brückenfragmente gliedern den Raum und sind Treffpunkte für die Benutzer und Auftakt zum See.

Dort wird der genannte Widerspruch ausgetragen. Vielfältig ist das Seeprofil und die angrenzende Landschaft. Unzugängliche Buchten wechseln mit Uferwegen, die große Spielwiese grenzt ans Wasser, und als Kernstück liegt an der Ufermitte der Spielplatz. Vom Hügel mit seiner Häufung von erratischen Findlingen, der Moränenburg, senkt sich die Flanke zum Sandspielplatz über dem Ornament ausgedienter Granitrandsteine. Der Kai als Relief granitener Bruchstücke

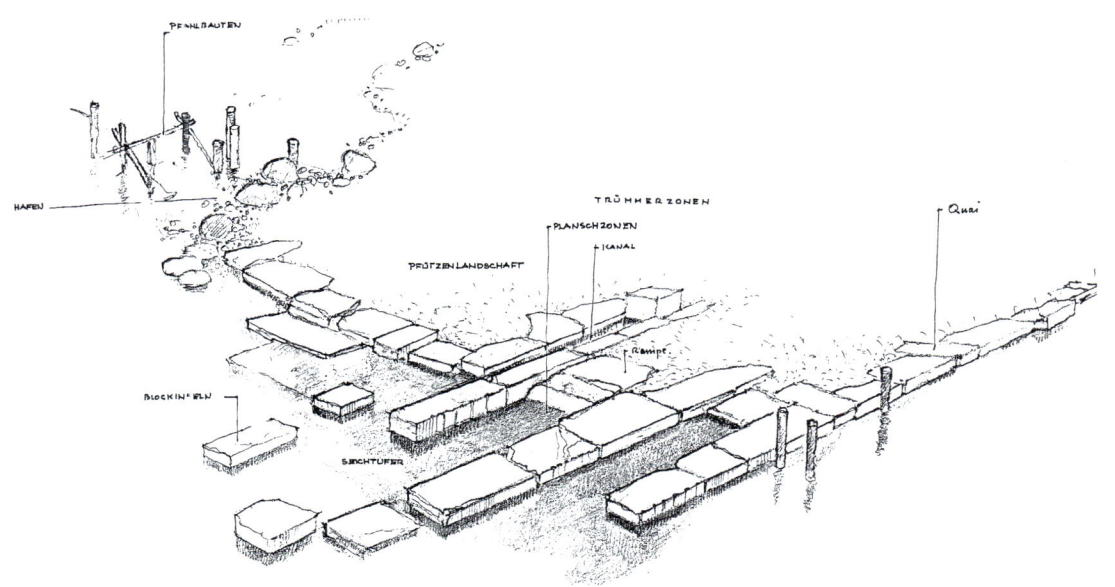

mit einer Treppe zum Einstieg und Landeplatz endet in der großen Skulptur aus Findlingen, Blöcken, Platten und eichenen Brücken und Riegeln. Untiefen sind mit einer Mole gesäumt, Buchten, Kanäle, Häfen und Felsrippen locken zum Herumklettern und Spielen am und im Wasser. Die Vielfalt der Materialien, Konstruktionen und Räume soll auf engem Raum den verschiedenen körperlichen Ansprüchen und einer mannigfaltigen Körpererfahrung dienen. Auch hier sollen die Kinder nicht nach Altersklassen getrennt spielen.

Seespielplatz mit Buchten und Molen

Kletter-Reliefs aus Findlingen und Blöcken, daneben Holzbrücken und Kletterstege im Wasser

Seite 70 oben:
Der Seesteg mit der breiten Sitzbrüstung aus Balken
Unten:
See-Kai und Sandspielplatz

Der Schwimmteich auf dem Bauernhof

Ein Schwimmbecken paßt doch ganz einfach nicht auf einen Bauernhof, wird mancher sagen. Doch gibt es nicht etwas, das den Widerspruch lindert oder gar überspielt? Die Lösung ist Ordnung. Jedes Ding braucht seinen Platz, was immer es auch sei. Das ehemalige Bauernhaus mit angebauter Ökonomie war sorgfältig renoviert, der Garten verwildert und ungestaltet mit einigen zufälligen Obstbäumen.

Axial zur großen Giebelfassade wurde ein traditioneller Bauerngarten neu angelegt. Von einem kleinen Platzrund strahlen sternförmig die Gartenpfade aus Holzschnitzeln aus und umfassen ein Ornament von Blumen- und Gemüsebeeten. Kein Schein altfranzösischer Gartenarchitektur soll kulturelle Tradition vorspiegeln, sondern die Freude an der

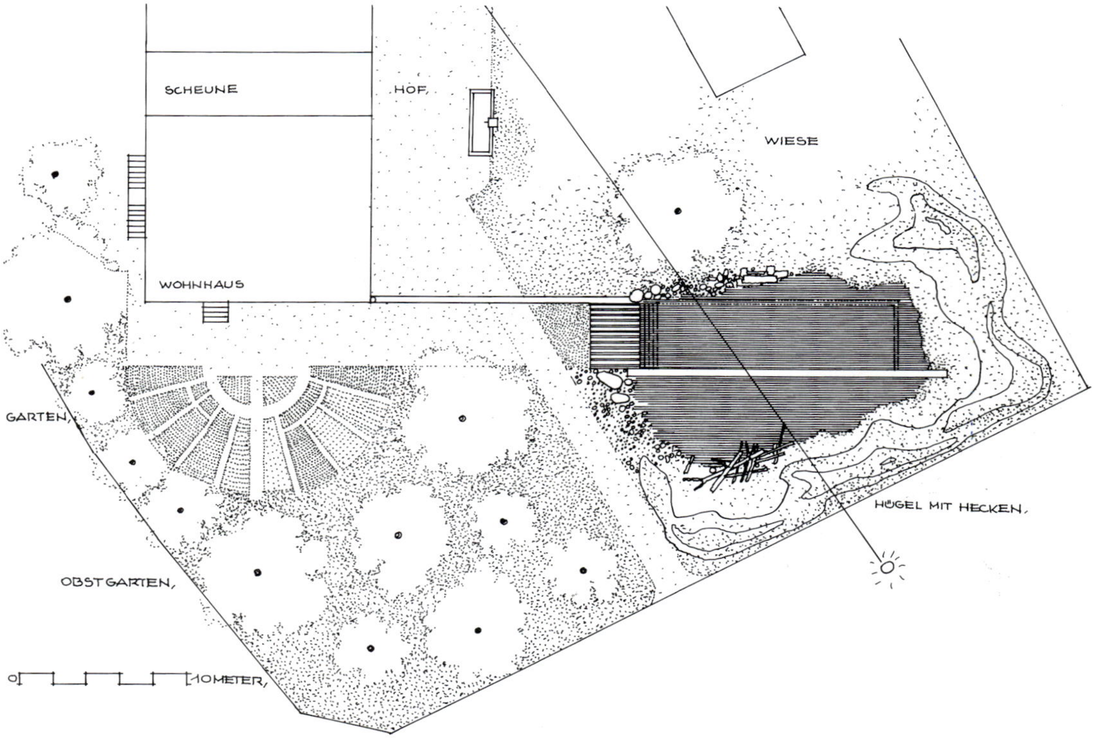

Blick über das Sonnendeck mit dem Einstieg

Blick gegen das Haus

Gartenarbeit zeige die Schönheit ihrer Früchte. Nicht Konstruiertes, sondern nach Laune Gewachsenes bedingt die Ästhetik.

In der Querachse eröffnet sich eine Perspektive in die Landwirtschaft und zum fernen Wald. Als bekiestes Wegstück endet sie am hölzernen Sonnendeck mit Einstieg ins geometrische Unterwasserbecken. Die Regenwasser-Schale vom Haus zum Gewässer verstärkt diese Querbewegung, grenzt an die strenge Holzfläche und setzt sich auf der Gegenseite als helle Rippe über dem dunklen Wasser in die Ferne fort.

Der Teich ist zweigeteilt in den Schwimmbereich mit tiefgesetzten Seiten und Stirnmauern und in die freigeformte Teichseite mit weichen Ufern und Röhricht. Deutlich unterscheidet sich die Wasserqualität: Nach den ersten Betriebsmonaten im Herbst ist das Wasser im Schwimmbecken trüb. Die Entwicklung wird wohl auch dieses Verhältnis verändern.

Seite 72:
Das Schwimmbecken im Bau und der Lageplan

Das bestehende Becken, nach rechts der Teich, links der Wintergarten im Bau.

Umbau am Waldrand

Bewußt werden von diesem Beispiel nur Bausituationen gezeigt, denn der Waldweiher läßt heute kaum mehr erkennen, daß im grünen, klaren Wasser dieses abgetiefte Schwimmbecken liegt. Durch den Holzsteg ist auch diese Anlage zweigeteilt in den überfluteten Beckenbereich, abgewinkelt mit Treppenanlagen, und den umgreifenden Teich mit Pumpe und Sandfilter.

Ursprünglich war ein Stahlbetonbecken mit blauem Kunststoff ausgekleidet und die Mauerkronen mit Platten abgedeckt. Wasserdüsen sorgten für die richtigen Strömungen gegen den Skimmer. Ein Bodenablauf gehörte zum System. Während nun die Frischwasserzufuhr endgültig aufgegeben wurde, blieb das Standrohr des Skimmers für zukünftige unbekannte Funktionen erhalten. Vom Bodenablauf führt heute die Leitung direkt auf die Pumpe, von dort durch eine weitere Leitung in den Teich. Das Beckenwasser kann also über das bestehende System abgesogen werden und fließt über den Teich mit seinem Röhricht durch den sandigen Bodenfilter zurück ins Schwimmbecken. Deutlich erkennbar ist im Bild auf der Beckenwand die dunkle Naßstelle, wo aus der Teichsohle nach dem Gewitter das Wasser verzögert nachrinnt.

Man erkennt an der rechten Wand den Durchlaß vom höherliegenden Teichboden.

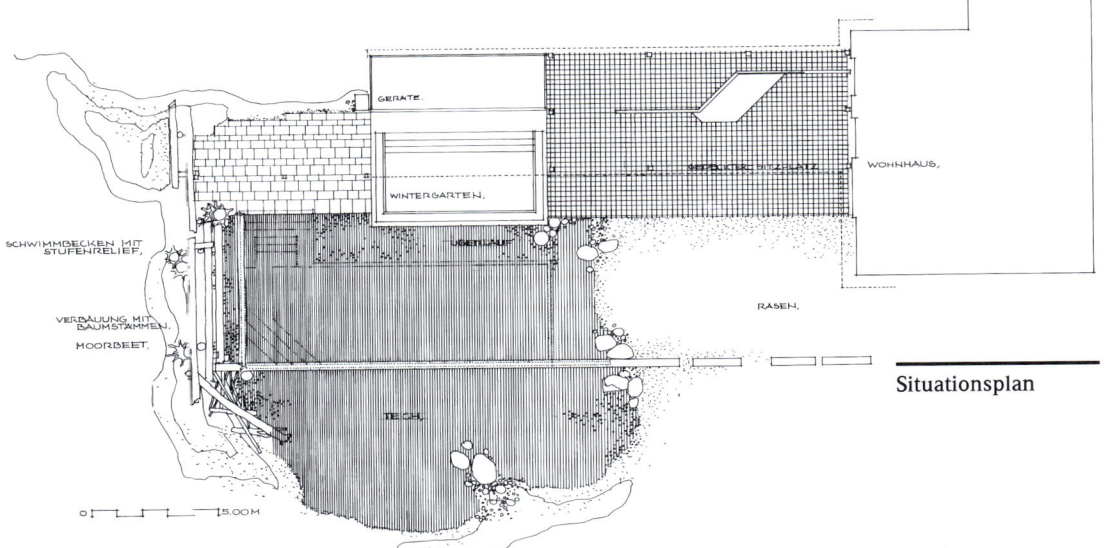

Situationsplan

Nicht immer ist es möglich, für Verbauungen geeignetes, bizarres Hartholz mit kräftigem Astwerk zu finden. Hier lieferte der Förster überalterte Fichtenstämme. Sie wurden zu Schichten mit Querlagen zusammengefügt, mit Astwerk ausgeflochten und schließlich mit Erde und Holzhäcksel ausgefacht. Auf diese Weise wurde die Umgebung in das Bauwerk integriert. Die Stämme sind

Der hölzerne Trennsteg und Holzverbauungen am Beckenende für das zukünftige Moorbeet.

rechts:
Die Teichsohle wird abgeglättet

Substrat und Träger für die zukünftige hochspezialisierte Vegetation eines Feuchtstandortes. Diese Art Moorbeet ergänzt sich pflanzengesellschaftlich von selbst und erfüllt mit der Zeit das vorgegebene Biopotential.

Immer wieder verlockt es, die trennende Beckenwand in einer Weise zu gestalten, daß die technische Absicht verborgen bleibt und das Wassererlebnis vielfältigen Anreiz findet. Der Steg wird zum Ornament, dient gleicherweise dem Überschreiten, dem Aufenthalt am Wasser wie auch als Sprungbrett zur Badefreude. Eine sorgfältige technische Ausführung der Detailarbeiten schützt die Holzteile vor frühzeitiger Fäulnis.

Der Schwimmteich am Steilhang

Ein stehendes Gewässer an steiler Böschung kann nicht auf natürlichem Wege entstanden sein, und es braucht besonderer formaler Einfühlung, um ein solches Projekt zu rechtfertigen.

Der Kern einer derartigen Aufgabe liegt darin, den Ausgleich vom bergseitigen Anschnitt der Böschung, der Erdmasse des Aushubes mit der dammartigen Anschüttung auf der Talseite zu errechnen. Dazu muß das gesamte Relief ein ausgewogenes Spiel von steilen und verbauten Stellen, Rippen, Flanken, diagonalen Anstiegen mit Angleichung an vorhandene Bodenbewegungen werden. Das Neue baut sich aus der Charakteristik der bestehenden Umgebung auf. Die spätere Bepflanzung reagiert auf die Geländeformation, betont und steigert sie und greift über in die gewachsene Nachbarschaft.

Gleichzeitig mit dem Aushub wurde bei diesem Projekt der Damm schichtweise aufgetragen und verdichtet. Die Flanken wurden großzügig modelliert und Steilstellen mit schwerem Fallholz verbaut. Die Dammkrone von wechselnder Breite wurde durch Rundholz verstärkt, mit Magerbeton umschüttet und mit Kies überworfen, was sich auf der Wasserseite als Betonüberwurf auf der Kunststoff-Folie fortsetzt. Schon bei der Fertigstellung ließen die Oberflächen und der Erdkörper nicht mehr erkennen, daß hier künstliche Aufschüttung und Beton das Gewässer ermöglichen. Die einheimischen Gehölze verankern die Verbauungen, fassen das Gewässer räumlich und trennen es vom tieferliegenden Obstbaumgarten.

Im Rohbau; der Damm mit den Unterwasser-Mauern in Ausführung.

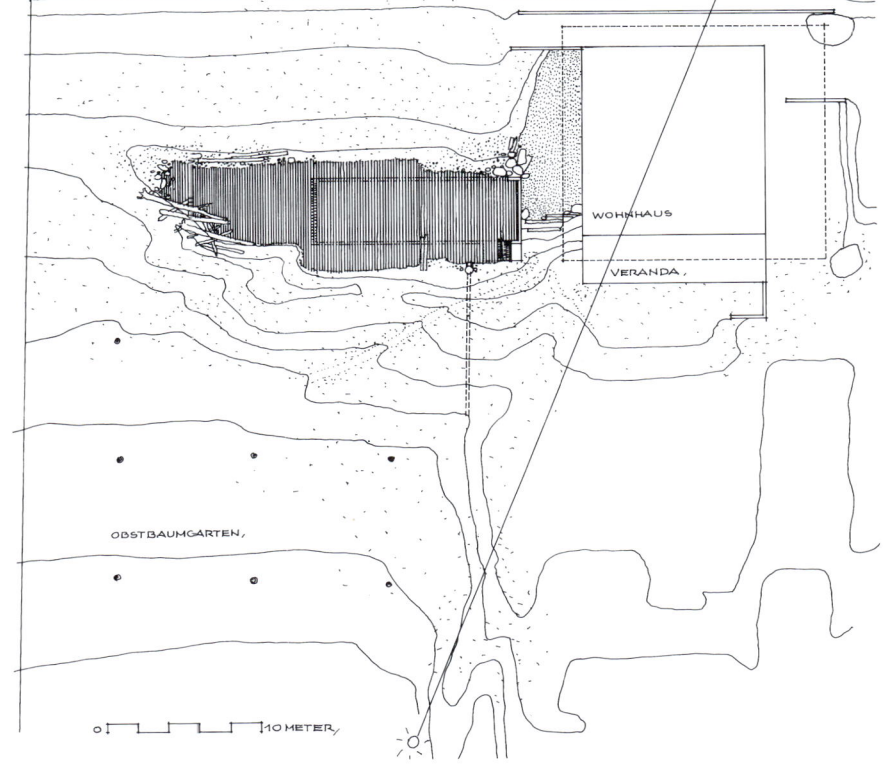

Situationsplan

Blick über die Gesamtanlage

Das erste Bild zeigt den abgeglätteten Aushub. Der Arbeiter im Vordergrund schaufelt die Standfläche für den zukünftigen Überlauf-Schacht.

Im zweiten Bild erkennt man deutlicher die Geländeformation mit Anschluß an das gewachsene Terrain. Die Kunststoff-Folie ist aufgetragen, mit weißem Schutzvlies abgedeckt und mit grobem Magerbeton überworfen. Die Ausbildung der Ränder fehlt noch, da vorgängig der Mauerbau drängt. Nach der Fertigstellung des Beckens mit seinen Anschlüssen und Zugängen läßt sich die differenzierte Ufergestaltung beurteilen und unbelastet vom groben Baubetrieb gärtnerisch verfeinern. Der Vordergrund im Bild, Zwischenglied vom Haus zum Wasser, ist noch nicht abgetragen. Beim zweigeschossigen Haus lag die Aufgabe darin, obwohl das unten-

Der Teich im Herbst und Holzverbauungen an den Ufern

Der Wasserstand steht am Teichkopf teilweise höher als der Sitzplatz. Die vorgängig errichtete Stützmauer erlaubt das Hochziehen der Isolationsfolie vor dem Beckenbau.

Seitliches Röhricht im ersten Sommer

Seite 79 oben:
Der Beobachtungs-Steg
Unten:
Winterstimmung

liegende Schlafgeschoß wie das darüberbefindliche Wohngeschoß mit der Wasserebene zu integrieren.

Eine formale und technische Besonderheit war somit an diesem Projekt zu lösen. Die Höhe des Wasserspiegels im Verhältnis zur Ebene des Wohnraums und den darunterliegenden Schlafräumen, die Sohle des Beckens, der Geländeausschnitt und der talseitige Damm waren landschaftsgestalterisch ins Gleichgewicht zu bringen. Diese Zusammenhänge bestimmten schließlich die Lage und die Form des Gewässers und insbesondere den räumlichen Bezug zum Gebäude.

Der Beckenrand kam höher zu liegen als der Hof vor den Schlafräumen, die Beckenkante wurde als Brüstung architektonisches Motiv. Das einfache Prinzip unserer Schwimmteiche als einer isolierten Grube mit hineingestelltem Mauerwerk war hier durchbrochen: Gegen den Wohnhof fehlte der Untergrund. Die folgerichtige technische Lösung lag darin, nach dem Aushub als erstes eine Umfassungsmauer auf eigenem kleinen Fundament zu bauen. Die Mauerenden, abgewinkelt als Verstärkung, sind gleichzeitig formales Zeichen ihrer stützenden Funktion. Ein Schutzvlies wurde beckenseitig hochgezogen und die Kunststoffdichtung im Zuge der gesamten Teichabdichtung aufgebracht und auf der Mauerkrone provisorisch verankert. Ein nochmaliges

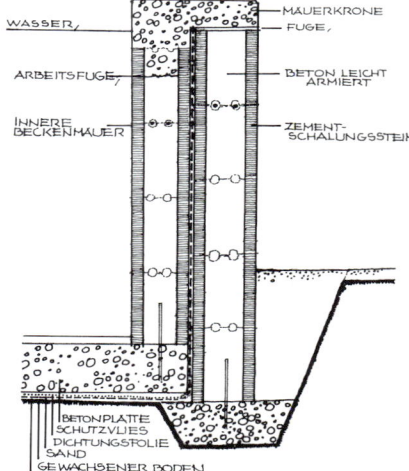

Schutzvlies schützte gegen die anschließenden Werkarbeiten beim Vormauern des inneren Beckens. Die betonierte Mauerkrone auf der Wasserseite wurde schließlich mit einer Zwischenlage als Dehnungsfuge, als breite Brüstung über die Doppelmauer gegossen.

Derartige Anlagen leben von Improvisationen und kleinen Erfindungen. Technik, Formbewußtsein und biologisches Wissen gehen Hand in Hand. Sorgfältige Geländeaufnahmen, detaillierte Aushub- und Konstruktionspläne sind vonnöten. Doch auf dem Bauplatz spielen unerwartete Voraussetzungen mit den nötigen Anpassungen, unternehmerische Möglichkeiten, menschliche Fehlleistungen und nicht zuletzt das Wasser die alles überragende Rolle. Die große Kunst bei allen derartigen Anlagen liegt darin, technisch für jede Schwierigkeit die optimale Lösung zu finden und formal aus jeder neuen Situation Gewinn zu schlagen. Unsere Erfahrung hat gezeigt, daß wir ge-

Die Granitstufen über dem bestehenden Schwimmbecken

rade hier im Hinblick auf eine kostengünstige Lösung unerwartete Formen und am Ort eine Vielfalt von Biotopen entwickeln konnten, die nie in einen Plan gezeichnet oder vorausgeplant werden könnten. Die Bodenqualität des Aushubs, angeliefertes Stein- und Kiesmaterial und vor allem die Art jedes einzelnen Baumstamms und des Astwerks für die Verbauungen bedingten laufend Erfindungsgeist und intuitive Improvisation.

Stufen und Rippen

Seite 81: Situationsplan Darunter: Der Zugang zum Beckenkopf. Das Sonnendeck fehlt noch über dem nicht mehr gebrauchten Rolladenkasten.

Die Geschichte dieser Gartengestaltung hat ungeschickt begonnen, doch typisch für das Verhältnis zwischen Bau und Umgebung. Das schöne Wohnhaus stand vor der Fertigstellung, und der Garten war vom Architekten sorgfältig und mit richtigen Überlegungen geplant worden. Ein Zufall wies den Bauherrn an uns, um bei den gärtnerischen Einzelheiten beizustehen.

Schon ein erster Blick auf den Garten alarmierte: ein Rechteck in der westlichen Gartenecke entlang Grenze und Flurstraße: Es mußte ein Schwimmbad sein. Der zweite Blick auf die Höhenbezüge erschreckte noch mehr: Von der Beckenkante stürzte das Terrain auf 2 m Straßentiefe bei geringem Grenzabstand. Das Stahlbetonbecken war allseitig bis nahezu an die Oberkante mit Isolation

Granitrippen zum höherliegenden Teich

eingepackt, so daß der umgebende Boden talwärts nicht abgetieft werden durfte. Guter Rat wurde hier teuer.

Doch manchmal darf die Not zur Tugend werden. Die unbestimmte Eck- und Längslage zur Grenze mußte überspielt, ja gerade zum gewollten Motiv werden. Nur eine große Geste konnte die Situation retten: ein Querstrich durch das ganze Grundstück im gleichen schiefen Winkel zum Haus wie das Becken. Schief bedeutet meist schief und ungelenk, doch im richtigen Augenblick kann es eine ungeheure Spannung bewirken. Hier ergab sie sich aus dem Kontrast zur Parallele des Hauses. Also nochmals mit grober Faust die Striche gespannt, Rippen, Notenlinien und Geländeteiler, ein Mikado aus Granit. Plötzlich ist das Becken nicht in einer fernen Geländeecke parkiert sondern Reliefteil einer Skulptur. Doch nicht genug damit: Die Rippen werden zu Stufen, sie gliedern den Höhenunterschied vom Wohnraum zum Beckenrand, aus dem Doppelstrich wird der Granit zum Körper.

Schließlich finden sich hier, entgegen jeder Tradition, statt großer Rasenflächen

die großen, ruhigen Spiegelflächen des Wassers, Reflektoren von Licht und dahinziehenden Wolken, Stimmungsträger von Tages- und Jahreszeit.

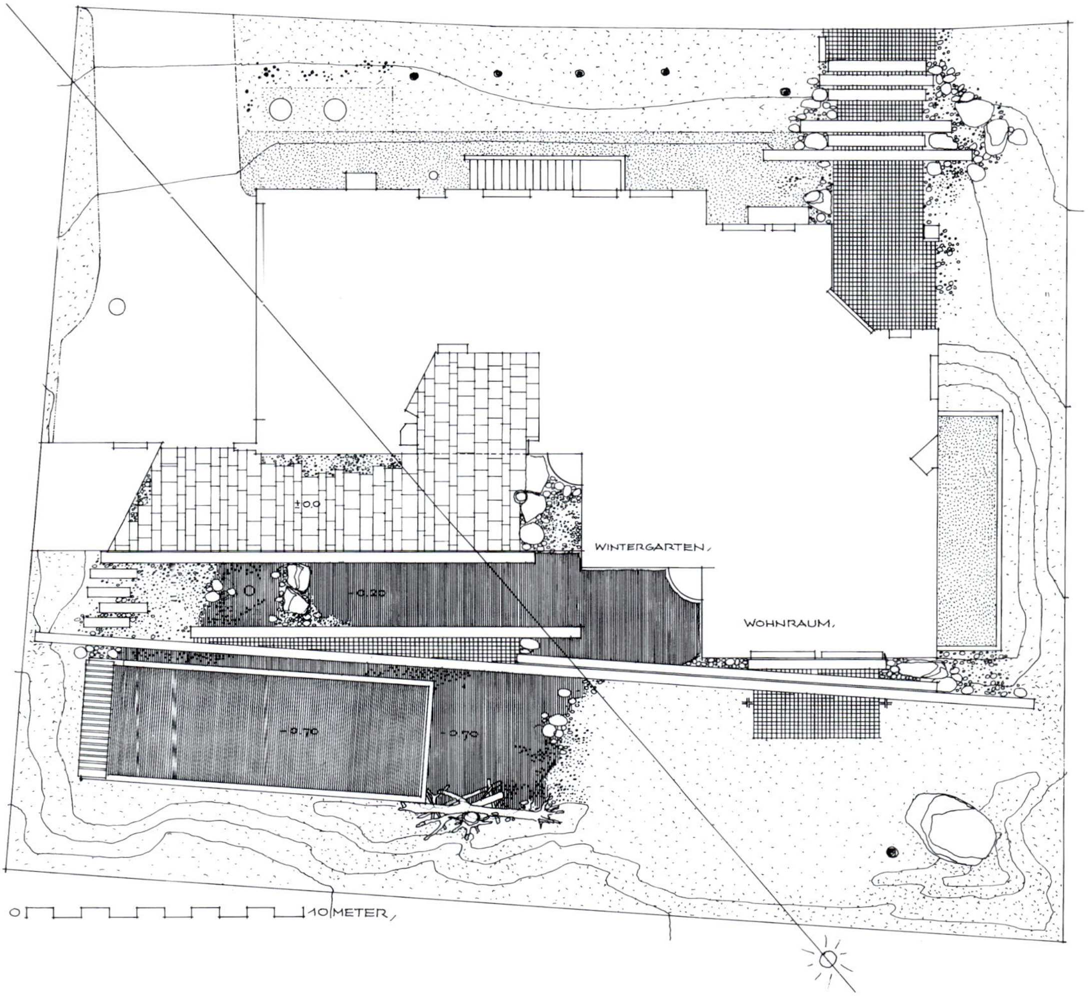

Dazu kommt dann noch das große Wunder, eine Familie, die sich abwendet von chemischer Hygiene und auf alle jene statusverpflichteten Anlagen verzichtet, die das quellklare Bergwasser versprechen, das heißt Verzicht auf Heizung, tägliche Säureprüfung, Öffnen und Schließen der Abdeckung, Wartung eines Kellers voller Apparaturen und elektronischer Steuerung. Dafür erhält sie gesundes, natürliches Wasser, getrübt zwar

Im Vordergrund der Strudel im Vor-Teich, Riegel über Filterzone und anschließend der obere Teich am höherliegenden Sitzplatz

Unten: Schwimmbadecke im Teich. Deutlich das verschiedenartige Plankton

durch die reinigenden Mikrolebewesen, und der Sitzplatz ist ein Ort wie fern in einem Naturschutzgebiet.

Um an warmen Tagen das Plankton im Schwimmbecken etwas zu lichten, insbesondere aber wegen des stimmungsvollen Gemurmels, saugt eine kleine Unterwasserpumpe aus dem Schwimmbecken das sprudelnde Wasser ins höherliegende Klärbecken mit Röhricht. Durch den trennenden Sandfilter sickert es dann ins anschließende Becken, läuft im Granitzwickel auf die untere Teichstufe über und fließt über eine Abtiefung des Beckenrandes beim Sonnendeck zurück ins Schwimmbecken.

Vor dem Wohnraum verbleibt ein kleines ebenes Rasenstück oder eine Blumenwiese. Die Grundstücksgrenze mit ihren Höhen und Gefällen wird landschaftlich gegliedert und als Sichtschutz mit einheimischen Heckenzügen gefaßt. Auch sie sind je nach Geländeformation, Untergrund und Exposition artenmäßig differenziert mit abschnittsweise dominanten Arten.

So ist dieses Werk ein außergewöhnliches Beispiel dafür geworden, wie ein Privatgarten sich gliedern läßt. Ein kleiner Nutz- und Obstgarten mit Kompostanlage auf der Küchenseite, ein repräsentativer Zugang mit blühenden Trockenstauden um die Treppe und Magnolienarten als Markierung, ein großzügiger Sitzbereich vor dem Wohnzimmer mit kleiner Spielwiese und schließlich die charakterisierenden Wasserflächen, gefaßt mit den schützenden Naturhecken.

Noch einige technische Bemerkungen: Das gebaute Becken mit vielen schon eingelegten Leitungen machten diese Anlage weit kostspieliger als nötig. Um die schon ausgeführten Vorleitungen an Frischwasserzufuhr mit den Düsen, dem Skimmer und den elektrischen Anlagen zu würdigen, wurden diese zwar verschlossen, aber für irgendeine ferne Zukunft wiederherstellbar gehalten. Die große Baugrube erforderte, daß die Granitstufen nicht auf gewachsenem Terrain verlegt wurden, sondern, daß man durch Geröllbetonriegel für setzungsfreien Unterbau sorgte. Nach Auffüllen der Geländesohle auf das gewünschte Gewässerprofil galt es, die Dichtungsfolie zu verlegen. Zwei Arbeitsabschnitte waren nötig. In einem ersten wurden jene Riegelbereiche mit Streifen überdeckt, wo zunächst die Granitstufen verlegt werden mußten. An sie setzte man die restlichen Granitstufen und isolierte großflächig die Becken mit den Anschlußstreifen an den Granit.

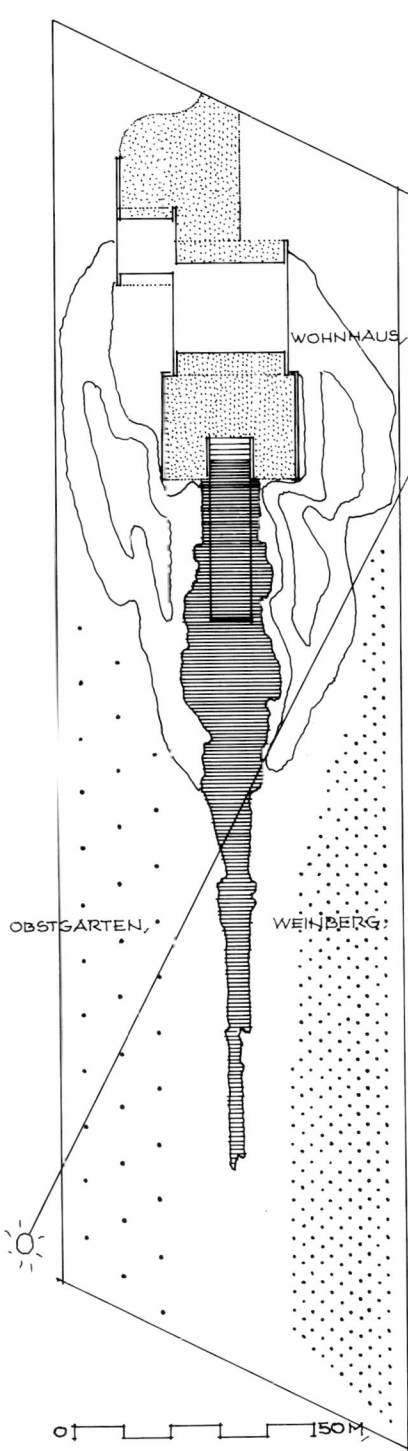

Ein Schlitzteich

Bis in weite Ferne zieht sich die fruchtbare Ebene, ein einziger großer Weinberg mit niedrigen Rebstöcken. An der Landstraße steht noch halb verlassen das kleine Kloster, das einst vielleicht die Herrschaft über das ganze Gebiet ausübte. Die Stadt ist nahegerückt. Die Grundstücksstreifen werden aufgegeben, es entsteht ein Mosaik von Kulturland, Brachland und Bauparzellen.

Hier war die Aufgabe, Bau und Grundstück als Ganzes zu behandeln und der umgebenden Landschaft noch soviel Respekt entgegenzubringen, wie es die veränderten Ansprüche erlaubten.

Das würfelförmige Haus folgt der Sprache der historischen Nachbarschaft. Es ist mit seitlicher Garage am Eingangshof in die Grundstücksachse gesetzt. Ein großzügiger Platz liegt auf der Wohnseite, seitlich gefaßt mit schützenden Mauern. Streng axial liegt der Einstieg ins lange Schwimmbecken, das wie ein Schlitz im Gelände liegt und eine große Perspektive eröffnet, wo es in der Länge Raum gibt. Die Wülste der Hügel betonen die Schmalheit. Sie sind aus dem Aushub gebildet und wirken wie schützende Falten fürs Wasser. Noch lassen sich die Längsseiten landwirtschaftlich nutzen, die Grenzen zur Nachbarschaft verwischen und läßt sich seitliche Weite erzeugen.

Der lange Spalt in der Landschaft betont nicht nur das Vorgefundene, sondern hat praktische Vorteile. Bau und Abdichtung sind einfach, und ob Becken und Teich durch einen kleinen Damm zur Gewässerklärung geteilt werden, steht offen. Nötig ist es nicht, denn jedes belebte Wasser sucht sein Gleichgewicht und reinigt sich selbst.

Ökologisch gesehen ist diese seltene Situation von besonderer Bedeutung. Lange Uferlinien erlauben eine Fülle unterschiedlicher Biotope und damit auch für die Benützer unterschiedliche Erlebnisse. Dem Kleinkind wie dem Erwachsenen wird eine Folge von Uferzonen mit Plansch- und Badefreuden geboten.

Ein erstes Projekt vor der besonnten Gartenmauer

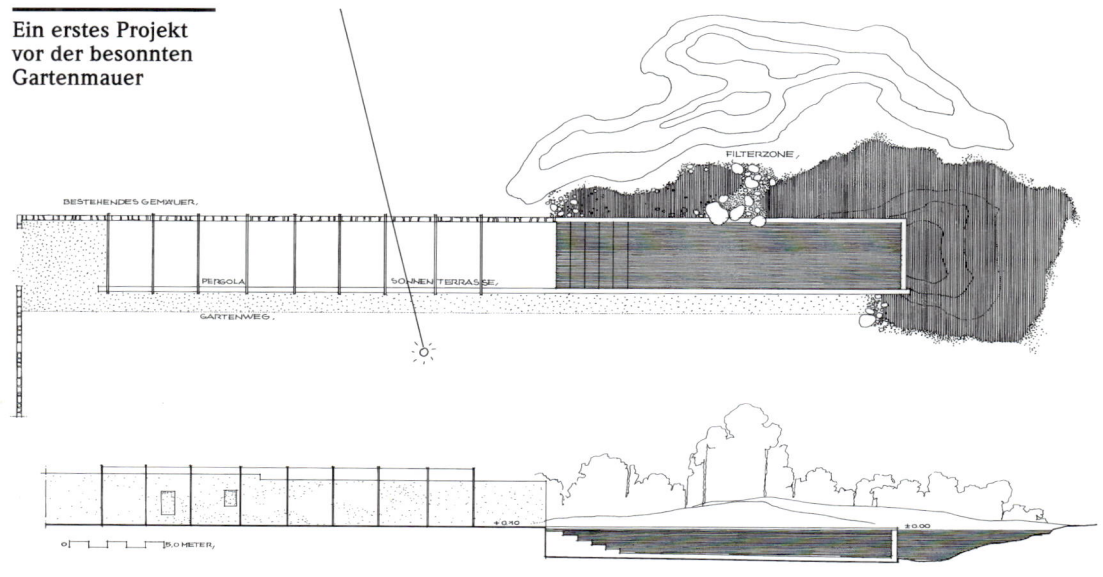

Der Schloßteich

In Märchen und Sagen erscheint der Schloßteich, dunkel und tief, belebt von bösen und guten Geistern. Das Unbekannte ängstigt uns heute nicht mehr. Staunend erkennen wir die Wunder der Natur, das Netzwerk der Lebensbeziehungen vom kleinsten Einzeller bis zum Greifvogel, die Zusammenhänge und die Abhängigkeiten von Pflanzen und Tieren. Der Mensch nimmt daran teil, obschon er glaubt, nur seinen eigenen Gesetzen zu folgen.

Jahrhundertealte Tradition hat ein Schloßgut erhalten. Seine Bewohner tragen die Sorge um die Bauten und den Park. Diese überkommene Verpflichtung hat hier zusätzliche Ziele erhalten. Die Erfahrung im Umgang mit der Natur und das Wissen um ökologische Zusammenhänge stärkte die Verantwortung für einen zugehörigen Landwirtschaftsbetrieb, der nach biologischen Erkenntnissen geführt wird. Unglaubliche Geduld, Sorgfalt und hohes Engagement ermöglichen diese Pionierleistung.

Das Schloß ist kein Museum. Zur harten Arbeit gehören Erholung und gesellschaftlicher Umgang. Für die Erwachsenen und insbesondere für die Kinder ist das Naturerlebnis in den Tagesablauf integriert. So wurden denn auch an das Baden Ansprüche gestellt und wur-

Die alte Mauer mit Spuren abgeräumter Bauten

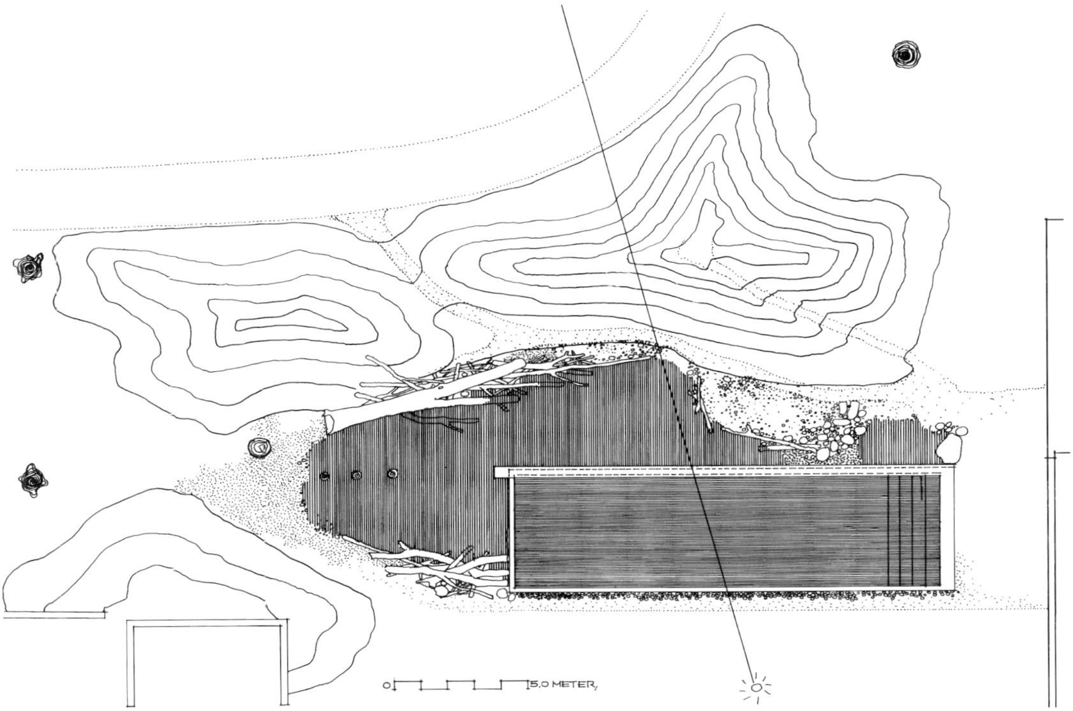

den gegenüber Chemie und Technik Vorbehalte angebracht, welche die Erstellung und den Betrieb eines üblichen Schwimmbades ausschlossen. Trotz dem Bewußtsein, mit einer natürlichen Wasseranlage jahreszeitliche Einschränkungen auf sich nehmen zu müssen und bei Gästen auf Abneigung gegenüber dem märchenartig geheimnisvollen, belebten Gewässer zu stoßen, entschlossen sich die Eigentümer für den Bau eines Schwimmteichs.

Der Entwurfsweg war kein gerader. Allzu viele Orte lockten: altes Gemäuer, Gehölze und Hecken, ehrwürdige Baumgruppen und Ökonomiegebäude. In einem ersten Anlauf bot sich die Nahtstelle von Park und Garten, entlang einer weitgestreckten Mauerwand, sonnenbeschienen und voller Heimlichkeit. Die Mauer sollte Schutz bieten für den Aufenthalt, mit einer Pergola versehen, begrünt mit Wein oder Rosen. Sie treppt sich ab ins Schwimmbecken, als Raumteiler zwischen dem Park und dem Garten mit seinen Beeten, und der Perspektive auf den anschließenden Teich und das Gemäuer im Hintergrund. Gegen den Park wäre der Aushub wallartig angeschüttet worden als

Das Ausführungsprojekt

Die Pforte zu Badefreuden

Das Vorbild benachbarter Auen-Landschaft

Fallholz und Pfosten sind Marken im Gewässer

Spiel mit den Zufälligkeiten des Geländes und der Vegetation.

Das Projekt wurde verworfen, der Garten sollte geschont werden und erhalten bleiben. Was Hintergrund war, ein altes Gebäude, wurde als beherrschendes Element einbezogen und bot jene Fassung, die mit dem Gartengemäuer verlorenging. Gemäuer ist mehr als Mauer, man spürt das Alter, unbewußt reagiert man auf das kaum wahrnehmbare Netzwerk der Haarrisse, Putzsplitter und Farbflecken – Spuren der Geschichte und Zeugen für Beständigkeit.

Das neue Projekt steht für sich in der Landschaft, gespannt zwischen Mauerkopf und Gebäude. Das Becken ist architektonischer Körper, mit der Stirnseite zum Haus und der Treppe ins Wasser, die eine Längsseite als Steg überhöht und

Der Einstieg ist Treffpunkt

Der Schwimmteich

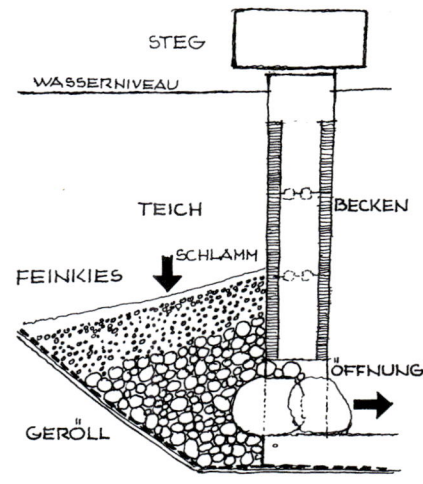

Der Einstieg mit Becken und Nebenteich
In der Zeichnung: Filterzone vor Öffnung zum Schwimmbecken

verbreitert. Durch Bronzeringe gezogen, sichert ein schweres Schiffstau die innere Beckenseite für die Schwimmer, Hilfsmittel und Ornament zugleich, aber auch warmer Rastplatz für den Dauergast, den Laubfrosch.

Das Becken steht im Teich, Bauwerk und Natur zugleich. Eine kleine Springbrunnenpumpe saugt am einen Ende das Wasser ab und entläßt es im Teich als Unterwassersprudel. Am anderen Beckenende liegt am Boden die große Öffnung, hinter der auf der Teichsohle eine hohe Sandschicht aus dem zurückfließenden Wasser das Plankton ausfiltert. Noch heute ist nicht bekannt, wie weit diese Klärung des Beckenwassers stattfindet. Wasserqualität, Wärme und Sonnenschein definieren die Dichte der pflanzlichen und tierischen Schwebstoffe, und es ist unklar, in welchem Gleichgewicht Verlust und Nachproduktion stehen. Jegliches Plankton aber bedeutet Reinigung des Wassers von gelösten organischen Stoffen und von fremden Mikroben.

Der Laubfrosch sonnt sich auf dem Haltetau

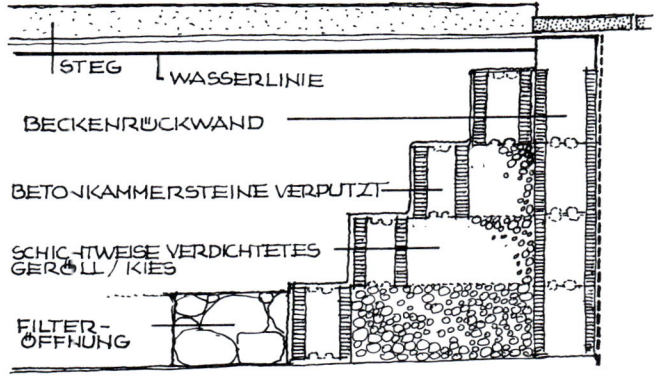

Schnitt durch den Treppeneinstieg mit sichtbarer Filteröffnung

Der Schwimmteich im Morgendunst

Der welsche Charme am Wasser

Jeder Ort erzeugt die ihm eigene Stimmung; es wirkt der genius loci. Im Süden Genfs, nahe der französischen Grenze, liegt wie in einer englischen Parklandschaft mit Eichenalleen und Weißdornhecken das eingeschossige Haus auf einer Lichtung. Das milde Klima läßt das häusliche Leben mit dem Aufenthalt im Freien verweben. Es entsteht ein Naturbewußtsein, das dem Städter entgeht, das jedoch auch Ansprüche stellt. Ein tiefblau gekacheltes Schwimmbad findet in solcher Umgebung keinen Platz, weder als Form noch in seiner Atmosphäre.

Großzügigkeit und gallische Heiterkeit begleiteten das Projekt. Ausgehend vom Haus und dem überdachten Vorplatz, mußte sich die Wasserfläche fließend mit der umliegenden Landschaft verbinden. Ortsfremde Gehölze und Bäume wurden entfernt, um die würdevolle Stimmung

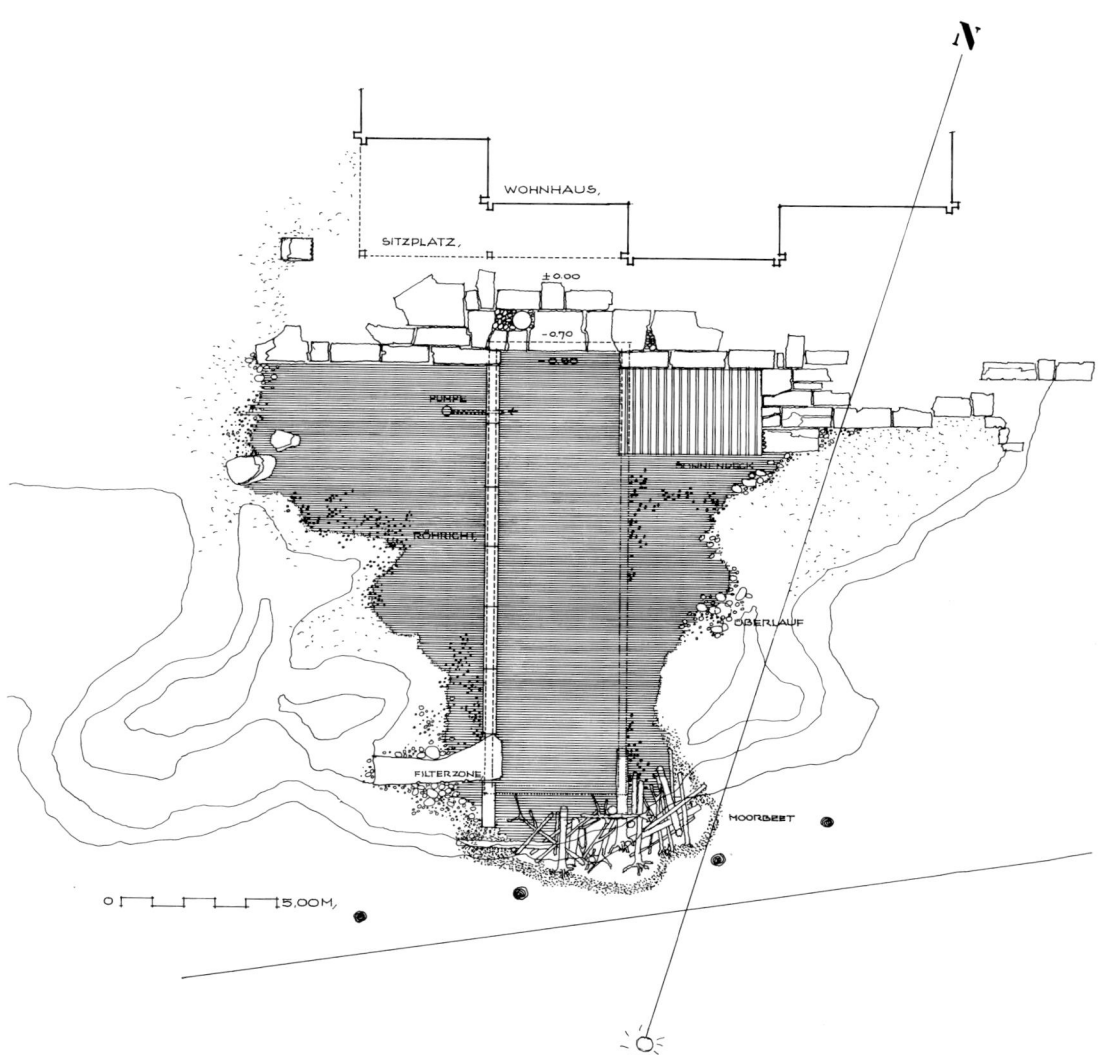

Die andere Art der Badefreude

der alten Eichen im Hintergrund einzubeziehen. Den axialen Bezug zum Haus zeichnet die trennende Betonrippe als Steg. Das Schwimmbecken mit Seiten- und Stirnwand liegt unter Wasser, am Kopfende zum Haus hin gefaßt mit der kräftigen Blocksteinverbauung und seitlichem Sonnendeck. Der Höhenunterschied vom Sitzplatz zur Wasserfläche wird damit nicht nur technisch, sondern formal überwunden: Er wirkt nicht als nötige Barriere, sondern als Relief, das sich unter Wasser mit dem Treppeneinstieg fortsetzt.

Die nahegelegene Regenwasserleitung des Hauses erlaubte es, die Sickerschicht auf die Baugrubensohle direkt zu entwässern. Sorgfältige Projektvarianten für den Bau der hausseitigen Steinanlagen hatten einfache Aushubprofile ermöglicht. Der Grundsatz bewährte sich, maschinell leicht formbare Profile zu wählen, die vor allem das großflächige Verlegen der Kunststoffdichtung ermöglichen. Eckstücke und Anschlüsse sind Schwachstellen, denn nicht nur ist hier das Verschweißen nicht einfach, sondern vor allem sind Materialspannungen langfristig eine Gefährdung, falls sich der Untergrund setzt. Auf großflächig angelegter Teichdichtung mit schützendem Filzvlies und Überbeton lassen

Ufer-Verbauung

Handwerklich sorgfältige Ausführung

sich ohne weiteres Fundamente mauern oder gießen und alle jene Bauarbeiten ausführen, die das Gelände und das Schwimmbecken verlangen.

Die Wasserfläche spannt sich zwischen dem bestehenden Sitzplatz am Haus und der gegenüberliegenden Grundstücksgrenze. Mit schweren Maschinen durfte das isolierte Becken selbstverständlich nicht mehr befahren werden. Tonnenschwere Sandsteinblöcke mußten jedoch auf volle Hauslänge versetzt werden. Dank einem fahrbaren Riesenkran mit 20 m Ausladung wurde das Unmögliche machbar.

Im Steinbruch waren bruchrohe Blöcke und Platten von besonderer Charakteristik ausgewählt und auf den Platz transportiert worden. Hier lagen sie nun in Haufen und warteten auf ihre Verwendung. Ungeordnet und teilweise geschichtet, liegen die Museumsstücke, denn eine schöne Auslegeordnung ist meist der Platzverhältnisse wegen nicht möglich.

Die Zeichnung ist nur Konzept. Die Wahl ist am Ort zu treffen. Dies ist ein unerhört schöpferischer Augenblick für Intuition und Phantasie. Der erste Block ist gesetzt, das Thema gestellt. Nun wird die Antwort gesucht – die formale Kontinuität durch Form oder Struktur. Kleinste Einzelheiten wie ein Bohrloch, eine abgesprungene Ecke, eine Materialrippe, die Kantenbewegung bestimmen die Komposition der folgenden Stücke. Höhen werden gegliedert, Gesamtformen gebildet, alle Mosaikteile fügen sich zur großen Form und Bewegung. Der mächtige Kran erlaubte kein Wählen, Wechseln, Verändern. Ein Block wird mit Gurten oder Ketten gefaßt, hochgehoben, über das Lager geschwenkt und zentimetergenau durch uns als Dirigenten des Konzerts versetzt. Spontane konzentrierte Intuition erlaubt in wenigen Stunden das Entstehen einer großen Skulptur aus Bruchstücken, von denen sich jedes als Einzelstück in ein Ganzes fügt. Natur wird hier Artefakt.

Dieses Projekt ist ein Beispiel dafür, wie selbstverständlich sich menschliche Kultur und Nutzung mit freier Natur ergänzen. Überlegte Planung und handwerkliche Perfektion bilden die Voraussetzung, daß Formgebung, Ausführung

und Aufwand im richtigen Kosten-Nutzen-Verhältnis stehen. Billige Bastelei oder ungezügelte Improvisation führen zum Mißlingen, selbst wenn bei vielen Anlagen die Auftraggeber nicht einmal wahrnehmen, was ihnen entgangen ist. Die Gestalt und die handwerkliche Ausführung für den menschlichen Aufenthaltsbereich müssen hohen Ansprüchen genügen – man könnte versucht sein zu sagen, ein geistiges Biotop muß entstehen.

Diesem Bereich stehen die ihrer Eigenentwicklung überlassenen Lebensräume gegenüber. Wir machen Vorgaben durch Art und Tektonik der Materialien, ob Wasser, Feuchtstellen oder Trockenlagen, ob Rohboden, Kies, Sand oder Holz, ihre Abfolge und ihr Umland und schließlich die Wahl der Pflanzen, die wir in einem gerafften Entwicklungsprozeß eingegeben haben. Doch dann walten die natürlichen Lebensprozesse der Vegetation und Nachbarschaften. Als Sukzessionen bauen sich harmonisch die Habitate auf.

Sorgfältige Gestaltgebung gehört zur geistigen Ökologie

Die Baugrube

– und die Verwirklichung

Der Rohbau

– und die fertige Anlage

Literaturverzeichnis

AICHELE, D. und M. GOLTE-BECHTLE: Was blüht denn da? Franckh-Kosmos Verlags-GmbH, Stuttgart 1989, 52. Aufl.

ENGELHARDT, W.: Was lebt in Tümpel, Bach und Weiher? Franckh-Kosmos Verlags-GmbH, Stuttgart 1989, 13. Aufl.

KLEEBERG, J.: Schöne Naturgärten. Verlag Eugen Ulmer, Stuttgart 1989.

LEIMBACHER, J.: Die Rechte der Natur. Helbing und Lichtenhahn, Basel und Frankfurt am Main, 1988.

LOHMANN, M.: Öko-Gärten als Lebensraum. Ex Libris Verlag und Grammoclub, Zürich 1983.

LOIDL-REISCH, C.: Der Hang zur Verwilderung. Picus Verlag, Wien 1986.

MELVILLE, H.: Taipi. Dieterich'sche Verlagsbuchhandlung, Leipzig 1953. Deutsche Übers. von Ilse Hecht; Lizenz Ex Libris, Zürich 1981.

NEUENSCHWANDER, E.: Niemandsland. Birkhäuser-Verlag, Basel 1988.

OBERDORFER, E.: Pflanzensoziologische Exkursionsflora. Verlag Eugen Ulmer, Stuttgart 1990, 6. Aufl.

STREBLE, H. und D. KRAUTER: Das Leben im Wassertropfen. Franckh-Kosmos Verlags GmbH, Stuttgart 1988, 8. Aufl.

Bildquellen

Alle Fotos und Zeichnungen vom Verfasser, mit Ausnahme folgender Bilder:
Seite 27 oben und unten: Limnologisches Institut der Universität Zürich
Seite 28 oben: Dr. H. R. Preisig
Seite 50: H. J. Volkart
Seite 52 rechts: A. Neuenschwander
Seite 64 rechts: Ch. Schenkel
Seite 70 unten: Dr. E. Neuenschwander
Seite 87 oben: M. Althann
Seite 91, 94 unten und 95: K. Färber